Stefanie Bisping

Lesereise Bretagne

Stefanie Bisping

Lesereise Bretagne

Beim Leuchtturmwärter brennt noch Licht

Picus Verlag Wien

Für Julius

3. Auflage 2019

Grafische Gestaltung: Dorothea Löcker, Wien
Umschlagabbildung: © Markus Kapferer / Westend61 / Corbis
Druck und Verarbeitung:
EuroPB, s.r.o., Tschechische Republik
ISBN 978-3-7117-1053-6

Informationen über das aktuelle Programm
des Picus Verlags und Veranstaltungen unter
www.picus.at

Inhalt

Nebel in Brest

Annäherung ans Land am Meer

Der Landeanflug auf Brest hat bereits begonnen, als das Flugzeug jäh wieder steigt. Die Passagiere schrecken aus ihrem friedlichen Dämmerdösen auf. Ist die Maschine durchgestartet? Nicht am Boden. Aber ziemlich kurz davor. Denn, so vermeldet der Kapitän: In Brest herrscht Bodennebel, er wolle da nicht gerne ohne Sicht landen. Das leuchtet ein. Zwanzig Minuten lang will er nun Kreise ziehen in der Hoffnung, dass der dichte Dunst sich lichten werde. Also kreisen wir.

Der Blick aus dem Fenster zeigt – nichts. Kein Meer ist zu sehen, keine Bucht und keine Klippe, keine Hügel und keine Hecken, kein Wäldchen und kein Gehöft. Das Land ohne Wein (dafür aber mit *cidre*), die größte Halbinsel Frankreichs, ist heute ein undurchdringliches weißes Nichts. Wir beschreiben eine weitere weite Kurve. Der westliche Winkel Frankreichs ist auch im 21. Jahrhundert nicht immer leicht zu erreichen. Am Wetter liegt's, einem der liebsten Themen der Bretonen – neben ihrer Eigenständigkeit als stolze Seefahrernation, die mit Paris nichts verbindet außer der Kleinigkeit von noch nicht mal ganz fünfhundert Jahren innerhalb eines gemeinsamen Staatsgefüges.

Hier gibt es jedes Wetter, sagen sie nicht ohne

Stolz. Mitunter gleich mehrmals am Tag. Immerhin wird es dank des Golfstroms kaum wirklich kalt, was das hohe Palmenaufkommen in der Region erklärt. Mit allem anderen aber ist zu rechnen: Wind, der sich jäh zum Sturm auswächst, heller Sonnenschein und plötzlich einsetzender Regen, auch mal ein kräftiger Hagelschauer. Das alles in so häufigem Wechsel, dass Generationen von Malern ganz außer sich gerieten vor Begeisterung und heftig schwitzten im Bemühen, die Wechselspiele des Lichts am Himmel auf der Leinwand festzuhalten.

Es folgt eine neue Durchsage: Es ist noch immer nebelig, obwohl mittlerweile fast zwölf Uhr mittags. Wir werden weitere fünfzehn Minuten lang Schleifen ziehen, dann entweder bei Sicht landen oder nach Quimper oder Rennes ausweichen. Wir kreisen. Der Kapitän meldet sich wieder: Brest ist nicht zu finden, es geht nach Quimper. In der Kabine wird geseufzt. Mancher hat sein Auto in Brest stehen oder denkt an Menschen, die dort auf ihn warten.

Dann der Landeanflug. Dort unten ist Quimper zu erkennen – oder zumindest ein kleiner Teil davon, der Flughafen der Stadt. Eigentlich war hier heute Ruhetag und keine Flugbewegungen vorgesehen. Im kleinen Terminal wird deshalb gerade erst die Tür zum Restaurant aufgeschlossen. Hastig macht sich die aus ihrem freien Tag geklingelte Belegschaft daran, die Kaffeemaschine anzuwerfen und *baguettes* zu belegen. Das

Flugzeug setzt auf. In Quimper ist es nur noch diesig; der Nebel hat sich tatsächlich verflüchtigt. Die Passagiere entschließen sich, zu klatschen. *Mesdames et Messieurs, nous sommes arrivés à Quimper.*

Bei Sturm tanzen die Häuser

Achthundert ganz unterschiedliche Inseln besitzt die Bretagne

In weiten Schwüngen rollt die Fähre vom Hafen vor Brest durch tiefe Wellentäler in Richtung Ouessant. Wir stehen an Deck und versuchen, die Sache positiv zu sehen. Nicht jeder wird schließlich seekrank. Aber die süßen Waffeln, die wir in Pont-Aven gekauft haben, lassen wir doch lieber unangetastet. Immer schön den Horizont im Blick behalten und sich ganz auf die salzige Luft konzentrieren. Man spürt: Diese Wogen kommen aus den Tiefen des Atlantiks. Doch schließlich ist die Passage überstanden, das Schiff läuft im Hafen unter einer dieser Überfahrt angemessen dramatisch geformten Klippe ein.

Auf Ouessant leben achthundertachtzig Menschen. Es gibt eine Handvoll Hotels, zahlreiche Schafe und sehr grüne Hügel. Der Wind pfeift, als könnte er einen jederzeit wegtragen, wenn er nur wollte. Und im Grunde ist es auch so. Graue Häuser mit blauen Türen und Fensterläden ducken sich am Boden, von der Felsenküste wehen Tausende weißer Gischtflocken. Der westlichste Flecken der Bretagne ist so rau und wild wie das Meer, das ihn umgibt. An seinen Ufern endeten im Lauf der Jahrhunderte ungezählte

Reederträume in den berstenden Planken kenternder Schiffe. »*Qui voit Ouessant, voit son sang*«, lautet ein Sprichwort. Wer diese Insel sieht, sieht sein Blut.

So unheimlich dies klingt, ist es doch tröstlich ferne Vergangenheit. Fünf Leuchttürme sind heute um die Insel und auf ihr verteilt und sorgen immerhin für Orientierung. Der Phare du Créac'h im Inselwesten ist einer der stärksten der Welt und das erste Leuchtfeuer, das Kapitäne nach Querung der Biskaya sehen. Wer es erst bis auf die Insel geschafft hat, dem kann der Wind ohnehin nichts mehr anhaben. Bei Kerzenlicht mit einem großen Humpen Rotwein in der Hand im tiefen Sessel sitzend, ist es schön, über das wütende Toben der Elemente draußen nachzudenken. »Erst ab hundert Stundenkilometern Windgeschwindigkeit bewegen sich die Häuser«, weiß Odile, die Besitzerin des Hotels. Das ist beruhigend. Bei solchen Stürmen knarren die Fenster, und es erschließt sich, warum die Insulaner ihre Heimat auch »Gespensterinsel« nennen. Wie überhaupt die Neigung der Bretonen zum Glauben an übersinnliche Erscheinungen eng mit der Hilflosigkeit des Menschen gegenüber einem Meer verbunden ist, das nicht nur Leben und Auskommen verspricht. Immer bleibt es auch ein Gegner, der sich nimmt, was ihm gefällt.

Doch das sind Herbstgeschichten. Anderntags signalisiert der hellblaue Himmel Waffenstillstand. Odile serviert zum Frühstück zwischen *croissants* und *café crème* Anekdoten aus dem Inselleben. »Bei uns haben seit jeher die Frauen das Sagen«, erklärt sie. Das liege daran, dass die Männer früher oft wochenlang auf See waren und sich die Frauen derweil um alles kümmern mussten – von Landwirtschaft über die Schafzucht bis zum Heiratsantrag beim Heimatbesuch des Herzallerliebsten. Dieser Antrag hatte einst die Form einer Initiativbewerbung seitens der Dame. So sah die Tradition vor, dass eine Frau ihren köstlichsten Kuchen backte, wenn ein Mann ihr Herz gewonnen hatte. Wie Rotkäppchen im Märchen machte sie sich zum Haus der Familie ihres Auserwählten auf, mit dem *gâteau breton* als Gastgeschenk im Korb. Dort angekommen, ging es recht umständlich zu: Der Kuchen wurde ausgepackt, die potenziellen Schwiegereltern deckten die Kaffeetafel, schließlich kam der heikle Moment, da die Werbende ihrem Erwählten ein Stück Kuchen anbot. Nahm er an, war auch die Heirat unter Dach und Fach, lehnte er ab, blieb nichts als recht verkrampfter Small Talk, bis die Brüskierte genug Kraft gesammelt hatte, um einen einigermaßen würdevollen Abgang hinzubekommen.

Noch immer diktieren die Frauen der Insel den Alltag, wiewohl das Verabreichen von Kuchen im Zusammenhang mit Eheversprechen ziemlich aus der Mode gekommen ist und Anträge seitens des Mannes heute als statthaft gelten. Dafür erlauben sich Frauen in anderen zentralen Fragen unverhandelbare Standpunkte. So vergibt die Friseurin in Lampaul, dem Hauptort der Insel, nur außerhalb der Sendezeiten ihrer Lieblingssoaps Termine.

Odile ist waschechte Bretonin und Insulanerin. Ihr Mann fuhr viele Jahre lang als Fischer aufs Meer, sie verkaufte auf dem Festland den Fang. Irgendwann war es dann genug. Das Paar tauschte das schöne, harte Leben gegen ein schönes, entspanntes. Ihr Mann trennte sich von seinem Fischerboot, die Tochter wechselte vom Festlandinternat auf die Inselschule. So wurde Stress für alle drei ein Fremdwort. Selbst wenn es voll wird auf Ouessant. Rummel ist auf einer Insel mit gerade zweihundert Gästebetten allerdings ein relativer Begriff. Man begegnet einander im Restaurant oder am westlichen Ende Frankreichs. Hoch schäumt dort die Gischt über schwarze Felsen, und es ist leicht, sich vorzustellen, dass da unten eine der stärksten Meeresströmungen der Welt zieht und zerrt.

Nicht umsonst heißt das südwestliche *département* der Bretagne Finistère. Von dieser Küste schaut man in die Unendlichkeit und kann sich dabei leicht fühlen, als befände man sich am Ende der Welt. Davor liegt Ouessant wie eine letzte Bastion, ausgesetzt dem Ozean und seinen Stürmen, die auch im Zeitalter von Radar und GPS, Hochleistungsmotoren und automatisierten Leuchttürmen nur wenig von ihrem Gefahrenpotenzial verloren haben.

Achthundert große und kleine Inseln schmücken die bretonische Küste; manche sind seit Jahrhunderten besiedelt, andere kaum mehr als Felsbrocken im Meer. Alle sind für Überraschungen gut, und das nicht nur für Seefahrer. Die »Sieben Inseln« vor der rosafarbenen Granitküste im Norden sind Naturschutzgebiet und Heimat von zwanzigtausend Vogelpaaren. Die gegenüber von Roscoff gelegene Insel Batz und ihre fünfhundert Einwohner profitieren von einem besonders mildem Mikroklima. Im Jardin Georges Delaselle gedeihen zweitausend Pflanzenarten. 1897 ließ Georges Delaselle, ein wohlsituierter Urlauber aus Paris, den subtropischen Botanischen Garten in Terrassen anlegen und entdeckte nebenbei eine Begräbnisstätte aus der Bronzezeit. 1918 siedelte er ganz nach Batz über und widmete sich nur noch Blumen und Palmen.

Kaum weniger lieblich als Batz wirkt die Inselwelt südlich der bretonischen Halbinsel. Wo der Ozean an Sonnentagen so türkisfarben und klar leuchtet, als wäre er mindestens das Mittelmeer, ist er indessen nicht weniger unberechenbar als im wilden Westen. Bester Beweis sind die kleinen Glénan-Inseln. An heiteren Tagen schön wie eine Fata Morgana aus der Südsee – was auch daran liegt, dass ihre Strände die einzigen in Europa sind, die aus blitzweißem Korallensand bestehen –, sind die Inseln und Inselchen des Archipels dafür bekannt, dass an ihren Ufern häufig Schiffbrüchige stranden (oder, im schlimmeren Fall, angeschwemmt werden).

Auch die drei mal sieben Kilometer kleine Insel Groix, gegenüber von Lorient gelegen und im 20. Jahrhundert größter Thunfisch-Hafen Frankreichs, sieht mit ihren hingewürfelten Häusern und der zerklüfteten Küste aus wie mit verliebtem Auge gemalt. Fenster und Türen sind bunt angestrichen, weil die Fischer seit jeher die Farbreste ihrer Boote an sie verschwendeten. *»Qui voit Groix, voit sa joie«*, reimt man das Sprichwort von Ouessant hier weiter. Wer Groix sieht, sieht sein Glück – das klingt gut. Mancher macht deswegen sogar einen Umweg.

Die Bar Ti Beudeff ist ein Ankerplatz mit magnetischer Wirkung; viele Segler gehen eigens im Hafen von Port-Tudy vor Anker, um in dieser Kneipe ein Bier zu trinken. So weht ein Hauch der weiten Welt durch die Bar, die von den Stammgästen am Tresen bis hin zur Patina Millionen gerauchter Zigaretten auf den arg strapazierten Möbeln alle Eigenheiten einer echten Spelunke aufweist. Im Sommer wird an fast jedem Tisch der Seefahrerkneipe eine andere Sprache gesprochen, und das auf einer Insel, auf der knapp zweitausendfünfhundert Menschen leben. Für die bretonische Inselwelt bedeutet eine solche Bevölkerungsdichte dennoch annähernd großstädtische Verhältnisse.

Um die von Schiefer glitzernden Felsen der Westküste führen alte Schmugglerpfade, die geschützten Buchten des Ostens und des Südens taugen für sommerliche Küstenfreuden:

Planschen, faul im Sand liegen, Picknicken mit frischer *baguette*, köstlicher Pastete und einer Flasche leichten Rosés. Es ist fast zu schön, als dass man jemals weiterreisen wollte, und es wird begreiflich, dass unter den Insulanern viele Deutsche und Italiener sind, die dieses kleine Bilderbuchstück Bretagne zu ihrer Wahlheimat gemacht haben.

So friedlich wirkt Groix, dass die wilden Stürme um Ouessant wie eine Erinnerung aus einer anderen Welt erscheinen. Dass diese dennoch überaus real sind, stellten wir fest, als wir Ouessant wieder verlassen wollten. In der Nacht war der Wind stärker geworden. Zu stark, um aufs Festland zurückzufliegen, erklärte Odile beim Frühstück, zu dem es heute Wetterwarnungen gab statt Anekdoten. Unser Flug war gestrichen, wir mussten die Fähre nehmen. Die um elf Uhr war womöglich die letzte, die sich heute in Richtung Festland aufmachen würde, sollte der Wind nicht doch noch abflauen.

Hastig packten wir unsere Sachen und strebten dem Hafen zu. Bis auf ein paar Seebären, die sich Tag und Wetter vermutlich eigens für einen längst überfälligen Besuch beim Zahnarzt oder Steuerberater ausgesucht hatten, waren wir die einzigen Passagiere. Der Kapitän machte sich die Mühe, uns unter Deck persönlich zu begrüßen. Ein paar Tipps hatte er auch noch: »Legen Sie sich jeder bäuchlings auf eine Sitzreihe und halten Sie sich mit beiden Händen gut fest!« Dabei verzog er keine Miene. Betreten schauten wir erst ihn, dann einander an. »Na dann, machen Sie sich mal keine Sorgen«, schloss er und zog sich gelassen auf seine Brücke zurück.

Wir setzten uns. Jeder in eine eigene Reihe. Uns lang zu legen, schien uns trotz des Geheuls da draußen etwas übertrieben. Erst als wir die Hafenmauern hinter uns ließen, begriffen wir, was der Kapitän gemeint hatte. Schon die erste Woge hob uns aus den Sitzen. Jetzt beeilten wir uns, den Anweisungen unseres Schiffsführers Folge zu leisten, robbten in die Bauchlage und klammerten uns am Mobiliar fest, so gut wir konnten. Das Schiff kletterte haushohe Wellen hinauf, um von ihrem Kamm jäh in die Tiefe zu stürzen. Wenn es auf dem Wasser aufschlug, flogen auch die Beine, die sich ganz eigenmächtig in die Luft erhoben hatten, auf die Sitze zurück. Vor den Fenstern schäumte Wasser, manchmal zeigte sich ein Fetzen Himmel. Niemand sprach. Es war eine gute Gelegenheit, über vieles nachzudenken: das Leben, den Tod, inwieweit die Dinge bisher nach Wunsch gelaufen waren, ob die unerledigte Steuererklärung wirklich ein gravierendes Problem war und wie viel Erfahrung der Kapitän wohl mit solchen Wetterlagen haben mochte. Selbst Seekrankheit erschien plötzlich als Luxus, für den im Strudel dieser wirren Gedanken keine Zeit blieb. Irgendwann ließ die Wucht der Wogen nach. Brest und sein rettender Hafen lagen vor uns. Wir rappelten uns auf, sortierten unsere bleichen Gesichtszüge und zerrten die Koffer vom Schiff. Auf dem Festland war der Sturm nur noch ein kräftiger Wind.

Salzschafe und schroffe Klippen

Ein bretonischer Sommer-Tagtraum: Auf Belle-Île-en-Mer malte Claude Monet, und Sarah Bernhardt wütete über Hüte

»Liebe Madeleine Lechat«, schrieb die Schauspielerin Sarah Bernhardt 1912 artig an ihre Putzmacherin, »Würden Sie mir wohl drei Hüte für Belle-Île machen, bestickt, aus Tüll oder Seide, mit großen Schleifen und in schottischem Stil?« Es folgten weitere Anweisungen und die Bemerkung, sie wolle kommenden Dienstag von Paris auf die Insel reisen. Montag brauchte sie die Hüte. Und eine Nachschrift: »Die Hüte müssen groß sein! Sonne!!«

Die arme Madeleine Lechat hatte angesichts dieses Zeitplans keine Chance. Einen Hut immerhin schaffte sie, der auch einen stolzen Durchmesser von fünfundachtzig Zentimetern vorweisen konnte. Als die Diva auf Belle-Île die eiligst nachgeschickte Hutschachtel öffnete und das Ausmaß der Katastrophe erfasste – nur ein einziger Hut, wie sollte sie zurechtkommen? –, geriet sie in Rage. Ihr guter Freund Georges Clairin, der zufällig zugegen war, schnappte sich den Deckel der Schachtel und malte mit schnellem Strich das Porträt der Zürnenden: Die roten Haare stehen zu Berge, die Augen sind aufgerissen, der Mund schreit entsetzt. »Sarah en colère« heißt das Bild. Es ist die Mona Lisa von Belle-Île, das wichtigste Exponat des Heimatmuseums in der über dem Hafen von Le Palais gelegenen Zitadelle, das außer dreihundertfünfzigtausend Zinnsoldaten und dreihundert topographischen Karten ihre hölzerne Tennisbank, einen Schrankkoffer sowie Bücher und einige Büsten der Bernhardt aufbewahrt.

Es ist dennoch nicht die einzige Attraktion dieser mit vierundachtzig Quadratkilometern größten der bretonischen Inseln. Im 17. Jahrhundert gehörte sie Nicolas Fouquet, dem steinreichen Finanzminister Ludwigs XIV. Nie setzte Fouquet einen Fuß auf seinen Besitz und versäumte so eine Menge: grüne Wiesen, auf denen Salzschafe höppeln; verwunschene Pfade, die die Steilküsten entlangführen; verschlafene Dörfer, nach Blumen duftenden Honig und würzigen Käse. Schließlich war es zu spät. Der misstrauische Sonnenkönig nahm ihm sein Traumschloss Vaux-le-Vicomte bei Paris weg und ließ den zweitmächtigsten Mann im Staat verhaften, als beide sich gerade in Nantes aufhielten.

Ludwig fürchtete, der allzu einflussreich gewordene Fouquet könne die Zitadelle von Belle-Île als Rückzug nutzen, um dort Gott weiß was auszubrüten. Denn die Insel war mit ihren großen Süßwasservorräten und der relativen Nähe zum Kontinent auch strategisch bedeutsam. In der Kombination mit Fouquet äußerst heikel, befand der Monarch. Hatte der Minister sich mit

Vaux-le-Vicomte nicht ein Schloss von königlicher Ausstattung gebaut, dessen bloße Existenz an Hochverrat grenzte? Immerhin durfte die Familie Fouquet den Titel des Marquis de Belle-Île weiterführen, bis dieser 1761 mit dem Tod von Charles Louis Auguste Fouquet, Marschall de Belle-Île und Enkel des gestrauchelten Finanzministers, erlosch. Der Marschall war es auch, der Belle-Île 1718 im Austausch gegen Ländereien auf dem Festland an die Krone zurückgab.

Von der 1549 begonnenen und von Frankreichs großem Militärarchitekten Sébastien Le Prestre de Vauban ausgebauten Zitadelle öffnet sich der Blick über das Hafenbecken auf das Dorf Le Palais: weiße Häuschen unter blauem Himmel, ein paar Sträßchen, dahinter Grün mit gelben Ginster-Tupfen. Le Palais bietet ein friedvolles Bild. Es ist einer der wenigen Orte auf der Insel, deren Namen nicht aus verwirrenden Kombinationen einer Handvoll scheinbar immer gleicher bretonischer Silben bestehen. Trotz (oder wegen) des Tourismus ist das keltische Erbe auf den Inseln noch stärker ausgeprägt als auf dem Festland; vor allem in Sprache und Namen macht sich das bemerkbar.

Menschen, die es sich leisten können, sitzen im Dorf in kleinen Ateliers und malen Meerblick. In den Cafés lassen sich nur eine Handvoll Fischer nach getaner Arbeit die Sonne ins Gesicht scheinen. Im Winter verkehren fünf Fähren pro Tag zwischen Quiberon auf dem Festland und Belle-

Île, im Sommer sind es bis zu zwanzig, die meisten davon ausgebucht. Obschon die Besucherzahlen hoch sind – winters hat die Insel gerade mal fünftausend Einwohner, in der Saison gesellen sich rund dreißigtausend Gäste zu ihnen – verlieren sich die Urlauber hier schnell aus den Augen. Trotz ihrer Größe kommt Belle-Île – und auch das ist Teil des Charmes der schönen Insel – ohne Verkehrsampel aus. Eine Zeit lang hatte man versucht, den Verkehr in Le Palais durch eine Lichtanlage zu regeln, diese jedoch schnell als Hemmschuh identifiziert und wieder abgebaut. Zügiger floss der Verkehr ohne das technische Hilfsmittel.

Dass die Insel im Süden der Bretagne ein lohnendes Ziel sein könnte, hatte die Schauspielerin Sarah Bernhardt schon 1894 geahnt. Von Concarneau auf dem Festland brach sie zum Tagesausflug nach Belle-Île auf. Auf der Stelle verliebte sie sich in den Flecken Erde, suchte sich hier ein Häuschen und blieb dem Sommerdomizil bis zu ihrem Tod im Jahr 1923 treu. Mindestens drei Monate verbrachte sie jedes Jahr auf der Insel, manchmal wurden es auch vier. Allein war sie nicht: Autoren reisten auf die Insel, um ihr neue Theaterstücke zur Lektüre zu bringen, Freunde wie Marcel Proust kamen, um ihr Gesellschaft zu leisten.

Ihre »Festung« nannte Sarah Bernhardt ihr Haus an der Pointe des Poulains, das tatsächlich ein auf einer Klippe gelegener Wachturm der alten Befestigungsanlage war. Einsam und weltentrückt wachte es über der Küste. Heute halten

Reisebusse an der Straße. Der Wendehammer an ihrem Ende steht an schönen Sommertagen voller geparkter Autos, der breite Weg zum Haus, in dem eine Ausstellung ihr Leben erzählt, ist fest in den Hügel getrampelt. Gegenüber der Bucht ruht ein kleiner Leuchtturm auf den Klippen, und angesichts der Aussicht kann man verstehen, warum die Diva die mühsame Anreise von Paris – zwölf Stunden mit der Bahn, drei weitere mit dem Boot – nicht scheute.

Sarah Bernhardt war dennoch nicht die Entdeckerin der Insel, deren zwei Gesichter – liebliche Sommerschönheit und winterliche Wildheit – seit jeher vor allem Künstler reizten. Gustave Flaubert kam schon vor ihr her, seine Kollegin Colette in den Folgejahren, außerdem zahlreiche Landschaftsmaler. »Es ist sehr, sehr schade für uns, dass van Gogh nie hier war«, seufzt der örtliche Tourismusbeauftragte. Dabei war man schon ganz nahe dran, der womöglich größte aller Maler wollte die Insel tatsächlich besuchen. Claude Monet, der die Insel im Herbst 1886 bei jedem Wetter und in jedem Licht malte, hatte ihm von den Lichtverhältnissen auf Belle-Île vorgeschwärmt. Dann aber geriet Vincent van Gogh in eine seiner schweren Krisen. Er fügte sich die notorische Verletzung am Ohr zu und musste im südfranzösischen Saint-Rémy im Sanatorium behandelt werden; der Traum von der gemeinsamen Arbeit auf Belle-Île war zerplatzt.

Monet logierte in Kervilahouen. Das im Sommer mit Beeten bunter Blumen getupfte Dorf besteht aus dem zweiundneunzig Meter hohen, 1835 in Betrieb genommenen Leuchtturm Goulphar, einem kleinen Supermarkt, ein paar Häusern, einer Bar und einem Briefkasten. Und der Place Claude Monet. In einem gelb gestrichenen Häuschen mit tiefroten Fensterläden am Fuß des Leuchtturms logierte viele Renovierungen zuvor Monet in zwei kleinen Stuben im ersten Stock. In einem Zimmer schlief er, im anderen bewahrte er seine Bilder auf. Madame Montigny-Thomas, die Besitzerin, vermietet die Etage im Juli und August zusammen mit zwei Zimmern unterm Dach als Ferienwohnung. Wer sich in dieser freundlichen, aber schnörkellosen Unterkunft einmietet, kann im Bewusstsein einschlafen, im Zimmer eines großen Impressionisten zu träumen. Hinterm Haus liegt ein winziger Garten, im Wohnzimmer hängt ein Foto, das den bärtigen Maler an der Staffelei vor Grand Large zeigt. Diese Küste war das auslösende Moment für Monets Jahres- und Tageszeitenserien.

In Begleitung eines ortskundigen Fischers machte er sich auf die Suche nach spektakulären Motiven. Er fand sie vor allem an der zerklüfteten Côte Sauvage; in den Felsformationen von Port-Goulphar und der Plage de Donnant sowie den vielfach gemalten Felsnadeln von Port-Coton. Viele der neununddreißig Gemälde, die er auf Belle-Île-en-Mer schuf, hängen heute im Pariser Musée d'Orsay.

An der wilden Westküste kühlt der Wind auch warme Sommertage. Die Küste verliert sich in kleinen Felseninseln, in den Buchten blitzt weißer Sand, oben schlängelt sich der Weg durch Wiesen. Belle-Île ist der ideale Ort nicht nur für Lichtstudien, sondern auch für meditative Meeresuferwanderungen. Auf der einen Seite das Meer, auf der anderen das Land, zwischendrin die Gedanken, die sich vor der Kulisse aus Wind, Weite und Wasser in höchste Höhen träumen. Das schönste Ende solcher Wanderungen bietet Sauzon. Die weißen Häuser des Dorfes gruppieren sich um einen Naturhafen, in dem heute mehr Segeljachten als Fischerboote vor Anker liegen. Vor den Restaurants sind Tische und Stühle in die Sonne gerückt. Die Luft riecht nach Algen und Salz. Ein Hund döst in der Sonne. Die insular gefärbte Begrüßung der Kellnerin ist schwer zu verstehen, doch trägt sie wunderbare Meeresfrüchte auf, für deren Genuss man ohnehin eher handwerkliche Fähigkeiten als linguistische Kenntnisse benötigt. Es wäre schön, hier länger zu bleiben.

Die letzte Herzogin

Nantes war einst Sitz der Herzöge der Bretagne. Später wurde die Stadt zu einem der wichtigsten Häfen Frankreichs und machte mit dem Sklavenhandel ein Vermögen

Langsam setzt der Elefant sich in Bewegung. Mit den Ohren schlagend, steuert er geradewegs auf eine Gruppe Touristen zu. Doch niemand rennt weg. Die Friedfertigkeit des einzigen frei laufenden Elefanten der Stadt Nantes gilt als erwiesen. Schließlich besteht er seinen lebensechten Bewegungsabläufen zum Trotz eindeutig aus Metall und Eisen. Mit bis zu vier Stundenkilometern trägt der von einem Führer gesteuerte Elefant die Besucher der Île de Nantes vom Loire-Ufer bis zur »Galerie der Maschinen« in einer ehemaligen Werfthalle.

Anfangs konnte sich auch in Nantes niemand etwas Rechtes unter dem Projekt »Les Machines de l'Île« vorstellen. Event-Spezialist Pierre Orefice und Maschinen-Designer François Delarozière hatten die Vision, die brachliegende Werftanlage auf der von zwei Armen der Loire umschlossenen Île de Nantes wiederzubeleben – und zwar ausgerechnet mit wenig lebendigen Maschinen. Diese sollten nichts Geringeres vollbringen als im Geiste Jules Vernes, des berühmtesten Sohnes der

Stadt, die verödete Industriefläche in ein Reich der Fantasie zu verwandeln.

2007 setzte sich die erste Maschine unter lautem Zischen in Bewegung: *Le Grand Éléphant*, der große Elefant. Zwölf Meter hoch und fünfzig Tonnen schwer, trägt er bis zu fünfundvierzig Personen auf seinem Rücken. Geradezu verblüffend ist seine Motorik. Die Bewegungen des Rüssels, der sogar Wasser versprüht, das Blinzeln seiner Augenlider – das alles ist den Bewegungen lebendiger Artgenossen perfekt nachempfunden.

Das größte Kunststück des Elefanten aber ist, der Atlantikmetropole, die unter der Schließung ihrer Werften im Jahr 1987 schwer gelitten hatte, neues Selbstvertrauen gegeben zu haben. Jeder im Bereich der Loire-Mündung liebt das Tier, das eigentlich eine Maschine ist. Sonntags ist sein Flanierterrain ein beliebter Treffpunkt.

Das gewaltige Tier markierte nur den Anfang einer ganz neuen Ära auf der Île de Nantes. 2012 ging mit dem »Carroussel des mondes marins«, den »Wasserwelten«, die zweite Riesenmaschine an den Start, ein fünfundzwanzig Meter hohes Karussell. 2017 folgte der Startschuss für den ebenfalls fünfundzwanzig Meter hohen »Arbre aux hérons«, der »Baum der Reiher«, mit viertausend Blumenkübeln an den Ästen und zwei beweglichen Reihern, die jeweils fünfunddreißig Menschen transportieren – zu einem in der Krone des Baumes gelegenen Café.

Pläne und Modelle zu den gigantischen Spielzeugen und Karussells sind in der »Galerie des machines«, der »Galerie der Maschinen«, zu sehen. In dieser alten Lagerhalle ist ein ganzer Zoo maschinenbetriebener Seeungeheuer versammelt, wie sie auch achtzigtausend Meilen unter dem Meer anzutreffen sein mögen. Kraken, Riesenfische, Meeresschlangen – der skurrile Tierpark beweist, dass Technik und Fantasie einander zu beflügeln vermögen. Jules Verne, der 1828 in einem Haus am Cours Olivier-de-Clisson im alten Reederviertel zur Welt kam, wäre stolz auf seine Stadt.

Mit Krisen kennt sich die am Zusammenfluss von Loire, Erdre und Sèvre gelegene Metropole indessen nicht erst seit dem Ende ihrer Weften aus. Bis 1532 war Nantes die stolze Hauptstadt der Bretagne. Seit 1941 gehört das gesamte *département* Loire-Atlantique mit der alten bretonischen Kapitale infolge eines ohne Volksentscheid oder Anhörung der örtlichen Volksvertreter gefassten Entschlusses der Vichy-Regierung nicht einmal mehr zur Region. Durch den Radikalschnitt sollte den bretonischen Unabhängigkeitsbestrebungen ein empfindlicher Schlag versetzt werden. Nantes wurde der Verwaltungssitz der neu geschaffenen Region Pays de la Loire – was gefestigte Bretonen (und das sind auch in diesem südlichsten, durchweg französischsprachigen Teil der historischen Bretagne ziemlich viele) bis heute immer mal wieder dazu bringt, zornig zur Sprühdose zu greifen und Ortsnamen auf Schildern mit dem Zusatz *en*

Bretagne zu versehen. Eine Wiedervereinigung des *départements* mit der Bretagne ist nach wie vor im Gespräch.

Anne de Bretagne, auf Bretonisch Anna Breizh geheißen, steht bereits seit dem Jahr 2002 wieder vor dem Haus ihrer Eltern, dem Château des ducs de Bretagne. Eine Bronzestatue des in Nantes geborenen Künstlers Jean Fréour zeigt sie dort mit Haube und langem Kleid mitten in der Bewegung; das lebendige Bild einer geschäftigen jungen Frau. Anne wurde 1488, nach dem Tod ihres Vaters, mit noch nicht ganz zwölf Jahren die letzte Herzogin der Bretagne. Ihr kam es zu, den Konflikt zwischen Herzogtum und Königreich zu lösen, indem sie nacheinander gleich zwei Könige von Frankreich heiratete, den ersten, Karl VIII., im Alter von gerade vierzehn Jahren. Ein Jahr zuvor war sie bereits mit dem Erzherzog Maximilian von Österreich verheiratet worden, per Ferntrauung in der Kathedrale von Rennes. Maximilian ließ sich durch einen Gesandten vertreten, der vor Zeugen sein kniehoch entblößtes Bein unter die Bettdecke des Kindes schob. Dieses Manöver sollte den Vollzug der Ehe symbolisieren. Allerdings fehlte die vertraglich vorgeschriebene Genehmigung des französischen Königs, was zur Annullierung der Verbindung führte. Zudem brachte es den Monarchen Karl VIII. hinlänglich auf, um wenige Monate nach Annes Trauung in Nantes einzumarschieren und die Herzogin und ihren Hofstaat in Rennes unter Hausarrest zu stellen.

Sein Antrag hatte also nicht unbedingt den Charakter einer romantischen Liebeswerbung. Immerhin führte er aber zur Lösung des Konflikts.

Das Maß an Komplikationen und Katastrophen war damit aber nicht ausgeschöpft. Karl VIII. war pikanterweise 1483 als dreizehnjähriger *dauphin* per Ehevertrag Maximilians seinerzeit dreijähriger Tochter Margarete von Österreich versprochen worden. Schon als Kleinkind wurde Margarete an den französischen Hof geschickt, um dort zur Königin Frankreichs erzogen zu werden. Maximilians Schwiegersohn schickte sich nun also an, mit Maximilians Exfrau durchzubrennen. Kurzerhand schickte Karl die junge Margarete nach Hause zurück. Es ist nicht verwunderlich, dass Maximilian, später Kaiser des Heiligen Römischen Reiches, auf den französischen Monarchen nicht sonderlich gut zu sprechen war. Zudem war auch diese zweite Heirat Annes formell nicht ganz *comme il faut*, gab es doch keine päpstliches Dispens, die die vorherigen Ehen beider Brautleute für nichtig erklärte.

Als Erbin der Bretagne war Anne der wohl heißeste Preis auf dem europäischen Heiratsmarkt – vor allem für die Könige Frankreichs, die den widerspenstigen Westen gerne eingemeinden wollten. Eine Heirat mit der Herzogin war da der schnellste Weg zum Ziel. Im Januar 1499, neun Monate nach dem Tod des erst siebenundzwanzigjährigen Karl, heiratete Anne in der Schlosskapelle zu Nantes ein drittes Mal.

Wie im Ehevertrag mit Karl für den Fall seines Todes vorgesehen, gab sie seinem Cousin und Erben das Jawort: Ludwig XII. Der hatte seit drei Wochen seine Scheidung von Johanna von Frankreich unter Dach und Fach. Um sie zu erlangen, hatte er dem Papst geschworen, seine kinderlos gebliebene erste Ehe nur unter väterlichem Druck eingegangen zu sein und sie überdies nie vollzogen zu haben. Nun musste er nur noch eine französische Prinzessin für Cesare Borgia, den Sohn des Papstes, drauflegen. Es waren andere Zeiten, der Wunsch des Bischofs von Rom schien nicht unverhältnismäßig (erst ein paar Jahrzehnte später sollte sich der Unmut über derlei Gepflogenheiten so weit verschärfen und sich überdies eine königliche Scheidung, nämlich die Heinrichs VIII. von England, so schwierig gestalten, dass die Ordnung von Kirche und Welt heftig ins Wanken geriet). Im November 1504 wurde Anne neuerlich zur Königin von Frankreich gekrönt. Auch mit dieser Heirat fiel die Bretagne nicht als Mitgift an Ludwigs Reich. Laut Ehevertrag würde ein erstgeborener Sohn Thronfolger Frankreichs und der zweite Herzog der Bretagne werden. Gingen keine Kinder aus der Verbindung hervor, würde die Bretagne an Annes Erben fallen und eigenständig bleiben. Es kam anders.

Annes Biografie kann als Beispiel für die Wucht gelten, mit der die Erfordernisse von Erbmonarchien Lebenswege zu formen vermochten, als Eheschließungen politische Manöver waren und nur die Produktion von Erben bestehenden Machtverhältnissen eine Zukunft zu garantieren vermochte. Im Alter von einundzwanzig Jahren hatte Anne bereits sechs Kinder aus ihrer Ehe mit Karl VIII. verloren. Ihr ältester Sohn wurde drei Jahre alt, die nächsten fünf Kinder starben alle im Säuglingsalter. Von den fünf Kindern, die sie mit Ludwig XII. bekam, überlebten nur zwei Töchter ihre Eltern, Claude de France – die später das Schloss in Nantes erbte und Franz I. heiratete – und Renée de France. Dass Anne siebenunddreißig Jahre alt wurde, erscheint angesichts eines physisch wie psychisch derartig zermürbenden Lebens fast erstaunlich. Als Königin von Frankreich erhielt sie eine Grabstätte in der Kathedrale von Saint-Denis bei Paris, doch die loyale Bretonin verfügte vor ihrem Tod, dass ihr Herz im Grab ihrer Eltern in der Kathedrale von Nantes ruhen sollte. Dort befindet sich das strahlend weiße, aus Marmor geschlagene Renaissance-Grabmal der letzten Herzöge der Bretagne: Stein gewordenes Ende der bretonischen Eigenständigkeit. Achtzehn Jahre nach Annes Tod fiel die Bretagne 1532 an Frankreich, als ihr Schwiegersohn Franz I. die Union mit Frankreich verkündete.

Dank dieser den Heiligen Peter und Paul geweihten Kathedrale mit dem Grabmal von Annes Eltern, dank des mittelalterlichen Viertels mit der Taufkirche von Jules Verne und dem Schloss der bretonischen Herrscher gehört Nantes zu den besonders sehenswerten (aber außerhalb der Landesgrenzen viel zu wenig bekannten) Städten Frankreichs. Nicht auszudenken, wie schön es hier erst wäre, wären auch noch die alten Wasserstraßen erhalten.

Ab den zwanziger Jahren des 20. Jahrhunderts wurden der Unterlauf der Erdre sowie diverse Nebenflüsse der Loire zugeschüttet und die Erdre umgeleitet. Nun kam man deutlich schneller voran in der Stadt, die zuvor dreißig Brücken geschmückt hatten. Man nahm ihr mit der Maßnahme aber auch viel von ihrer Persönlichkeit, vom touristischen Potenzial gar nicht zu reden. Heute wünscht sich mancher, die Erdre in die Stadt zurückzuholen. Doch wird dies wohl ein Traum bleiben.

Zuletzt brachte der Niedergang des Schiffbaus schwere Zeiten. Die legendäre Brasserie Cigale, in die Reeder und Industriekapitäne seit 1895 gerne junge Tänzerinnen aus der Oper gegenüber führten, fristete schon ab den sechziger Jahren ein trauriges Dasein als Schnellrestaurant. Heute ist nicht nur der Strukturwandel geschafft – die Airbus-Werke hier und in Saint-Nazaire an der Küste trugen ebenso zu einer neuen Blüte bei wie Lebensmittel- und Metallverarbeitung und die Universität –, auch das bildschöne Lokal Cigale erstrahlt wieder in alter Art-déco-Pracht. Hier trifft man sich am Morgen zu *café crème* und *croissants* mit gesalzener Butter, am Abend zur Meeresfrüchteplatte oder vertrödelt zwischendrin ein Stündchen oder zwei mit der

Zeitungslektüre. Fast nebenbei verdiente sich die sechstgrößte Stadt Frankreichs 2013 den Titel der Grünen Hauptstadt Europas als Auszeichnung für die gelungene Verbindung von wirtschaftlichem Wachstum im Mündungsgebiet der Loire mit Umweltschutz und einer hohen Lebensqualität.

Als eine der besonderen Stärken von Nantes und seiner Umgebung wurde das ausgeklügelte und vielseitige Transportsystem identifiziert. Zu ihm zählt der Wasserbus, der die Innenstadt in nur sechs Minuten Fahrzeit mit Trentemoult, dem Viertel der Fischer, verbindet, aber auch eine Flotte von knapp neunhundert Mietfahrrädern und ein gut ausgebautes, seit Langem etabliertes Bus- und Straßenbahnnetz. Alle vierundzwanzig Bezirke der Stadt sind ebenso miteinander verbunden wie die beiden Ufer der Loire. Als weitere Pluspunkte galten eine große Artenvielfalt und zahlreiche Schutzzonen an der Loire-Mündung sowie ein wirkungsvolles Programm zum Klimaschutz.

Seit 2007 setzt Nantes einen Maßnahmenkatalog um, der die CO_2-Emissionen der Stadt bis zum Jahr 2025 halbieren soll: durch den Ausbau des öffentlichen Personennahverkehrs, umweltneutrale Bauprojekte und eine Stadtentwicklung, deren Schwerpunkt auf der Anlage von Naturräumen in der Stadt und dem Ausbau des Radwegnetzes liegt. Auch Urlauber werden ermutigt, Nantes und Umgebung mit dem Rad zu erkunden. Kein

Zweifel: Das Leben ist komfortabel geworden an der Loire; so komfortabel, dass man es sich leisten kann, an die Zukunft zu denken.

Für Urlauber ergibt sich aus alldem geradezu die Verpflichtung, die sechzig Kilometer entfernte Küste links liegen zu lassen. So viel ist in Nantes zu tun: in der schicken Rue Crébillon die Boutiquen durchsuchen. Die schöne Passage Pommeraye bewundern, einen lichtdurchfluteten Vorläufer moderner Einkaufszentren aus dem 19. Jahrhundert mit hölzernen Böden, schmiedeeisernen Geländern und exklusiven Geschäften. Und durch die Straßen des traditionellen Kulturviertels Graslin schlendern, dessen Straßen die Namen von Schriftstellern tragen und die heute auch die Heimat wunderbarer Geschäfte sind. Zu ihnen zählen Süßigkeitenspezialisten wie die Confiserie Georges Gautier, wo schon der kleine Jules Verne an der Hand seiner Mutter einkaufen ging und wo es bis heute die berühmten *Mascarons Nantais* gibt, sündige Schokoladenpralinen mit Krokant. Später eröffnete die Confiserie Les Rigolettes Nantaises an der Rue de Verdun. Ihre Spezialität, die gegrillten Nasen, *Nez grillés,* aus Karamell, gesalzener Butter und Schokolade, sollen ihren Namen dem verbalen Erbe der Sklavenhändler verdanken.

Deren Beziehung zu Nantes arbeitet das Stadtmuseum im Schloss der Herzöge der Bretagne auf. Wie die weiter südlich gelegenen Küstenstädte La Rochelle und Bordeaux profitierte auch Nantes ab dem frühen 18. Jahrhundert vom Sklavenhandel.

Im Handelsdreieck zwischen Europa, Westafrika und der Karibik wurden Alkohol, Stoffe, Spiegel, Waffen und Glitzertand nach Afrika verschifft und dort gegen Sklaven getauscht, die man auf den fernen Antillen verkaufte. Der Erlös – Indigo, Schokolade, Kaffee und Zucker – brachte daheim in Frankreich Riesengewinne. Erst mit der Abschaffung des Sklavenhandels im 19. Jahrhundert ging dieses traurige Kapitel der Stadtgeschichte zu Ende. Nantes musste wieder einmal umdenken. Fortan füllten die Fabrikanten Thunfisch und Sardinen in Dosen oder stellten Kekse und Süßigkeiten her.

Das Klappern von Holzschuhen auf Granit

Paul Gauguin malte nicht erst in der Südsee. Seinen Stil fand er in Pont-Aven

»Ich arbeite hier viel und mit Erfolg; man respektiert mich wie den stärksten Maler von Pont-Aven«, schrieb Paul Gauguin im Juli 1886 an seine Frau Mette, um ein wenig resigniert hinzuzufügen: »Es ist wahr, dass mir das nicht einen Sou mehr einbringt.«

Der Kunst immerhin brachte es eine Menge, denn hier befreite Gauguin sich vom Einfluss der Impressionisten, und hier entstanden seine ersten ganz großen Werke. Was ihn inspirierte, ist auch heute noch zu erkennen: das ins wechselnde Licht der Küste getauchte Tal und das Städtchen Pont-Aven selbst. In die Mündung des Flusses Aven geschmiegt, wirkt das Dorf mit seinen Wassermühlen – zwei von einstmals vierzehn sind geblieben –, mit der Granitbrücke und den steinernen Häusern aus dem 17. Jahrhundert bis heute ein wenig wie ein Ort aus ferner Vergangenheit. Wie in allen Zeiten ist das Leben hier noch immer der Natur unterworfen. Unterhalb des Dorfes mündet der Aven in den Ozean. So nahe liegt Pont-Aven an der Küste, dass auch die Segelboote, die im Fluss liegen, bei Ebbe auf die

Seite sacken; erst die auflaufende Flut hebt sie wieder aufs Wasser.

Schon 1860 hatte sich eine internationale Malerkolonie den kleinen Ort zur Wahlheimat erkoren; ihr Pionier war der Amerikaner Henry Bacon. Wegen des Hafens gingen lange schon Seeleute aus fernen Ländern in Pont-Aven an Land, und so gab es hier auch schon früh Hotels und Herbergen. Die Einwohner sprachen nicht nur Bretonisch, sondern auch das geläufigere Französisch und hatten sich zudem Langmut im Umgang mit Fremden und ihren Gepflogenheiten angeeignet.

»Ein kleiner und billiger Ort«, versprach außerdem der Maler Gaston Jobbé-Duval in einem Brief an Gauguin. Der lebte, nachdem er seine Arbeit als Börsenmakler in Paris und damit auch sein regelmäßiges Einkommen aufgegeben hatte, zu dieser Zeit nach einem Aufenthalt in der Normandie wieder im teuren Paris. 1886 kam er zum ersten Mal her; ein Besuch, aus dem nach einigen Umwegen und Abstechern – unter anderem auf die Karibikinsel Martinique – regelmäßige Langzeitaufenthalte wurden. Denn es waren nicht nur die niedrigen Kosten, auch nicht allein die Schönheit des Dorfes, die Gauguin faszinierten. Die urtümlich-ländliche Kultur der Bretagne lockte ihn; sie schien ihm kaum weniger exotisch als später die Dörfer Polynesiens. Wie Jahre darauf die Südsee-Schönheiten Tahitis wurden ihm hier die Bauern, Müller und Fischer Pont-Avens, ihre Bräuche und Häuser Modelle, Motive und wichtige Station seiner künstlerischen Entwicklung.

Das bretonische Dorf beflügelte nicht nur Gauguin, sondern mit der Schule von Pont-Aven eine ganze Gruppe von Malern, die sich von der akademischen Malerei lösen wollten. Und das nicht ausschließlich in freier Natur, wenn es auch durchaus üblich war, am Morgen mit Staffelei, Leinwand und den erst kürzlich entwickelten schnell trocknenden Tubenfarben aus dem Haus und in die Landschaft zu gehen. Paul Gauguin, Paul Sérusier und Émile Bernard aber suchten nicht nur nach neuen Motiven, sondern vor allem nach neuen Ausdrucksformen jenseits des Impressionismus – ein Grüppchen von Avantgardisten, deren radikalster Gauguin war. Zu diesem neuen Ansatz in der Malerei gehörte es, das Sujet auf seine Essenz zu reduzieren und sich zugunsten subjektiver Betrachtung von den Zwängen der Realität zu lösen. Die Formen wurden schlichter, die Farben stärker und subjektiver – es war die Geburtsstunde des Synthetismus – und der Kunst der Moderne.

Die Gegend lieferte die Kulisse dazu. »Ich liebe die Bretagne«, schwärmte Gauguin, »dort finde ich Wildheit und Primitivität. Wenn meine Holzschuhe auf dem Granitboden klappern, höre ich den dumpfen, dunklen und starken Ton, den ich mit meinen Bildern zu erzielen suche.«

Wild und primitiv oder auch nur ländlichverschlafen ist Pont-Aven schon sehr lange nicht mehr; dafür ist die Zahl der Souvenirgeschäfte, die duftendes Butter-Salz-Gebäck in dekorativen Blechdosen sowie Schürzen, Topflappen und Geschirrtücher mit bretonischen Motiven darauf anbieten, einfach zu groß. Der Erste Weltkrieg stürzte auch hier das ganze Leben um, die Gewohnheiten von Jahrhunderten verschwanden im Strudel der Ereignisse. Die Bauern tauschten ihre traditionelle Tracht gegen Alltagskleidung ohne regionale Bezüge; die Männer begannen, ihre Haare kurz zu tragen. Neben dem Tod von Millionen Menschen brachte der Krieg auch das Ende der alten Gesellschaftsordnung. Zur Zeit dieses Umbruchs endete Pont-Avens Blütezeit als Künstlerkolonie.

Grundriss und Bausubstanz der Stadt, die heute außer dem Fluss voller Felsbrocken, den Brücken, Mühlen und eben den Läden für kauflustige Urlauber auch mehr als sechzig Kunstgalerien dominieren, haben sich dennoch kaum verändert. Noch immer führt ein Weg am Wildbach Aven entlang zum Bois d'amour, dem »Wald der Liebe«, den die Künstler indessen nicht für Rendezvous nutzten, sondern als Motiv für Landschaftsbilder. Auch die außerhalb gelegene Kapelle von Trémalo ist erhalten, ein niedriges Steinkirchlein mit schmächtigen Bänken und einer Holzdecke, an deren Querbalken Drachenköpfe die Zähne fletschen. Dort hängt die Christusfigur, die Gauguin als seinen »Gelben Christus« auf Leinwand verewigte.

Mitten im Städtchen, an der von einem Denkmal des Malers geschmückten Place de Gauguin, thront das Hôtel Les Ajoncs d'Or. Hier logierte Gauguin bei seinem ersten Besuch in Pont-Aven. Seine bevorzugte Adresse wurde die Pension Marie-Jeanne Gloanec, heute Heimat eines Tabak- und Schreibwarengeschäfts, das den Namen mit Stolz weiter trägt. Hier waren vor Gauguin bereits die Realisten gerne zu Gast gewesen; Gauguin traf bei Marie-Jeanne Gloanec seine Freunde zu weinseligen Abendessen. Der Name der Wirtin ziert noch immer die Fassade – ebenso wie eine steinerne Platte, die vom Aufenthalt Gauguins und der Formierung der Schule von Pont-Aven 1888 in diesen Mauern kündet. Alle sind sie aufgeführt: Gauguin, Émile Bernard, Charles Laval, Paul Sérusier, Charles Filiger, Henry Moret, Ernest de Chamaillard, Madeleine Bernard, Maurice Denis und noch einige mehr, die als Wegbereiter und Begründer des Synthetismus gemeinsam eine Art frühe Akademie der Bretagne bilden.

Das Geschäft mit den Künstlern florierte in Pont-Aven; ein, zwei Häuser reichten nicht, um die kreativen Besucher alle unterzubringen. Auch das Hôtel Julia, heute Sitz der Galerie L'Oiseau Bleu, zählte zu den Künstlerherbergen. So gut gingen die Geschäfte, dass »Julia« um einen Anbau erweitert wurde, der heute Sitz des Rathauses ist. Das in Hafennähe gelegene Hôtel des Mimosas, einstmals als Hôtel Terminus bekannt, brachte es rund hundertzwanzig Jahre nach Gauguins Aufenthalten noch einmal zu größerem Ruhm: Zur

Verfilmung des von bretonischer Salzluft durchwehten Kriminalromans »Bretonische Verhältnisse« von Jean-Luc Bannalec hier und im nahen Concarneau schlüpfte es im Spätsommer 2013 in die Rolle des Hôtel Central und trug für die Zeit der Dreharbeiten diesen Namen an seiner Fassade. Das Haus übernimmt im ersten Fall des Kommissars Dupin den Part des einstigen Domizils Gauguins und ist Dreh- und Angelpunkt einer Handlung, die nicht historisch wahr, dafür aber umso besser erfunden ist.

Dupin, der Pariser Kriminalist im bretonischen Exil, muss im Roman wie im Film den Mord am Besitzer des »Central« lösen. Der ist ein Nachfahre jener generösen Herbergsmutter, die die Künstler des ausgehenden 19. Jahrhunderts nach Kräften unterstützte und dafür – und hier kommt die Wahrheit ins Spiel – gelegentlich mit Gemälden ihrer armen Malergäste entlohnt wurde. Eines davon ist ein der Öffentlichkeit unbekanntes Original Gauguins, das nun, nachdem es jahrzehntelang unerkannt im Speiseraum hing, jäh eine tödliche Kettenreaktion auslöst.

Der nach Verlagsangaben in Brest geborene und auf Deutsch schreibende Autor lieh sich seinen Nachnamen vom bretonischen Dorf Bannalec. Der Erfolg der Dupin-Krimis beflügelte eine beschwingte Spurensuche nach der Person hinter dem Pseudonym. Jörg Bong, in Bad Godesberg gebürtiger Leiter des S. Fischer Verlags, wurde der Autorenschaft verdächtigt, ohne sie zu bestätigen. Bannalec destilliert aus der Geschichte der Schule von Pont-Aven und ihres berühmtesten Vertreters eine spannende Handlung, die die Auswüchse der touristischen Vermarktung des künstlerischen Erbes nicht verschweigt: »Es war unglaublich, wie viele Galerien es gab, erst jetzt mit der Hochsaison fiel einem das richtig auf. Sie schienen wie Pilze aus dem Boden geschossen zu sein. Allein in der kurzen Rue du Port, die zum Hafen führte, hatte Dupin zwölf Galerien gezählt, die meisten aber befanden sich zweifelsohne in der Nähe des Museums. Zu kaufen waren Reproduktionen aller Bilder der Schule von Pont-Aven, natürlich, von billig bis hochwertig, aber auch zahlreiche Originale aktueller Maler, die hier, an dem für die Malerei epochalen Ort, ihr Glück versuchten. Dupin fand alle Bilder, die er bisher gesehen hatte, entsetzlich.« Schöner noch als derlei Schilderungen und das überwiegend aus schweigsamen Bretonen bestehende Personal ist nur die Schilderung des Prozesses, in dessen Verlauf der zwangsversetzte Dupin sich zum Bretonen aus Leidenschaft entwickelt – natürlich in voller Anerkennung der Tatsache, dass eine solche Naturalisierung gemeinhin erst nach frühestens fünf Generationen auf der Halbinsel möglich ist.

Viele Arbeiten der Künstler der Schule von Pont-Aven sind heute im Museum versammelt: der »Holzschuhmacher«, der einzige originale Gauguin, der dem Städtchen erhalten geblieben ist, sowie eine Reihe von Gemälden und diverse Erinnerungsstücke. Auch die Fotos der Wirtinnen und ihrer Künstlerherbergen zählen dazu. Ein Bild zeigt Marie-Angélique Satre, »Die schöne Angèle« geheißen, die auch Gauguin malte und nach der sich heute eine Galerie im Ort nennt; ein anderes Bild eine Gruppe amerikanischer Maler um 1880. Ein weiteres Foto bildet die Pension Gloanec ab, die Lieblingsadresse Gauguins, Bernards und Sérusiers. In einem anderen Kasten liegt, wie zum Abschluss dieses Kapitels der Kunstgeschichte, die Todesanzeige von Paul Gauguin.

Schon Gauguin wurde es in Pont-Aven schließlich zu trubelig. Im Herbst 1889 zog er sich mit seinem Schüler Jacob Meyer de Haan ins nahe Le Pouldu zurück. Bald folgten die Kollegen Charles Filiger und Paul Sérusier. Ihre Wirtin war die dreißigjährige Marie Henry. Nachdem sie mit achtzehn Jahren als Zimmermädchen nach Paris gegangen war, hatte sie in Le Pouldu mit dem in der Hauptstadt verdienten Geld die Buvette de la Plage eröffnet: eine kleine Bar mit einer Handvoll Gästezimmern. Die Nachbarn waren schockiert. Denn Marie Henry, die doch unter den wachsamen Augen grundsolider Nonnen in Quimperlé aufgewachsen war, hatte den Kopf voller verrückter Pariser Ideen. Sie trug keine bretonische Tracht und bekam dazu eine Tochter, ohne dass sich ein dazugehöriger Vater identifizieren ließ. Doch es sollte noch schlimmer kommen: Marie Henry empfing

Maler als Logiergäste, darunter so fragwürdige Gestalten wie eben Gauguin.

Völlig abgebrannt kam der in Le Pouldu an. Seine Rechnungen zahlte er mit Bildern. Immerhin hatte er den vermögenden Meyer de Haan dabei, der Vater von Marie Henrys zweiter Tochter werden sollte. Als das Kind im Juni 1891 zur Welt kam, war er allerdings bereits nach Holland zurückgekehrt; das bretonische Künstleridyll hatte sich aufgelöst. Gauguin machte sich von hier aus auf nach Tahiti und kam nur einmal zurück, um seine Bilder auszulösen. 1894, nach zweijähriger Abwesenheit, war er wieder hier. Auch bei diesem letzten Besuch hinterließ er Gesprächsstoff, als er in Concarneau in eine Schlägerei mit einer Gruppe Fischer verwickelt wurde. Hauptsächlich ging es ihm aber um seine Bilder. Und die hortete Marie Henry.

Marie Henry besaß Kunstverstand und Geschäftssinn, ließ sich auf einen Prozess um die Gemälde ein – und gewann. Ihre fünfundzwanzig Originale umfassende Sammlung verkauften ihre Nachkommen später nach Amerika. So hängt ein in Le Pouldu entstandenes Selbstporträt Gauguins heute im Hammer Museum in Los Angeles, ein zweites, das den Künstler mit Heiligenschein zeigt, in der National Gallery of Art in Washington.

Die kleine Herberge wurde im Krieg beschädigt, doch nur ein paar Häuser weiter ist die Maison Marie Henry dem Vorbild getreu wiederaufgebaut. Im Erdgeschoss ist die niedrige Bar zu sehen, hinter der Marie Henry abends präsidierte, während die Künstler an vier kleinen Bistro-Tischen vor ihren Absinth-Gläsern saßen. War das Wetter zu schlecht, um im Freien zu arbeiten, beschäftigten sich die Gäste in der Pension. Alle Wände und Decken bemalten Gauguin und Meyer de Haan, auf die Türen klebten sie Leinwände – die Bilder wurden 1924 unter sieben Schichten Tapete entdeckt.

Während Renovierungsarbeiten saßen – glücklicher Zufall – zwei amerikanische Kunstkenner in dem Raum, der damals ein Café war. Sofort erkannten sie den Pinselstrich Gauguins. In der Maison Marie Henry sind all diese Wandbilder reproduziert worden: die bretonische Schäferin in der Küche, deren Original heute in einem Privatmuseum in den USA zu Hause ist, Gauguins Selbstporträt auf der Tür, dessen Original in Washington hängt, Meyer de Haan mit Teufelsantlitz und die tanzenden Bretoninnen über dem Kaminsims.

In der oberen Etage ist neben Marie Henrys Schlafzimmer auch Gauguins Zimmer so eingerichtet worden, als wäre der Maler nur kurz aus dem Haus gegangen, um eine Zeitung zu kaufen. Mit Bett und Nachtschrank eher spärlich möbliert, ist es mit den Bildern dekoriert, die er bei sich hatte: ein Porträt des Kollegen Pissarro, ein Bild von Manet und eine Botticelli-Reproduktion. Auf dem Nachtisch liegt Shakespeares »Coriolanus« neben einer Nachbildung von Gauguins Notizbuch. Das Fenster öffnet den Blick auf den Garten und das Farbenspiel des Meeres.

Meeresrauschen im Konzert

Der Klang der Inseln: Der Komponist und Pianist Didier Squiban hat die traditionelle Musik der Bretagne ins dritte Jahrtausend katapultiert

Im Lichtkegel der Scheinwerfer saß, wie auf einer Insel in der Finsternis der Bühne, der Pianist vor seinem Flügel. *Nonchalant* sandte er die Töne von »Petit air marin« dem Publikum entgegen, eine Augenbraue hochgezogen, als sei das alles eigentlich keine große Sache. Warm und klar ließ er die Melodie in den Raum perlen, ein wenig traurig klang sie wohl. Am Schluss aber wusste man, dass es bei aller Melancholie, die man beim Zuhören verspüren mochte, doch eine gute Sache war, dass dort vorne jemand saß, dem es gelang, mit Noten Klangbilder zu schaffen; Töne, die aus Klängen Stimmungen und aus Stimmungen Landschaften machen. Bretonische Landschaften.

Seine erste Bühne fand Didier Squiban, am 23. September 1959 in Ploudalmézeau im *département* Finistère geboren, in der Dorfkirche, in der er als Junge sonntags die Orgel spielte. Als er heranwuchs, machte er sich den Jazz zur Heimat. Duke Ellington, Charlie Parker und Keith Jarrett (mit dem man ihn später vergleichen würde) waren prägende Einflüsse. Als Angehöriger einer Generation, für die Vorankommen noch Französischsprechen bedeutete, erlernte Squiban als Kind nicht Bretonisch – seine Eltern sprachen es ausschließlich miteinander. Dass er schließlich zu einer Stimme der Bretagne wurde, ist auch Yann-Fañch Kemener zu verdanken. »L'Héritage des Celtes«, das Erbe der Kelten, war der Titel der überaus erfolgreichen Tournee des zwei Jahre älteren Kemener, an der Squiban als Begleitmusiker teilnahm. Die Zusammenarbeit mit Kemener, einem bretonischen Muttersprachler, der erst als Erwachsener Französisch lernte, wurde für Squiban zum Meilenstein auf dem Weg zu seinen musikalischen Wurzeln.

Squiban hat es seither fertiggebracht, Landschaften und Kultur seiner Heimat zu Klavierklängen zu destillieren – oder, wie im Fall der »Symphonie Bretagne« und der »Symphonie Iroise«, in Werke für ein ganzes Orchester. Von seinem eigentlichen Antrieb, dem Jazz, hat er sich bei diesen Exkursen bisweilen weit entfernt, um wie ein Leuchtturm im Meer einem internationalen Publikum den Weg zur Musik der Bretagne zu weisen.

Traditionelle Weisen verbindet er mit modernen Tönen, ohne das eine zu korrumpieren oder sich beim anderen anzubiedern. Um sein Album »Molène« aufzunehmen, ließ er gegen Ende des zweiten Jahrtausends seinen Flügel auf die Île-Molène im Finistère schaffen. Auf der tausend Meter langen und achthundert Meter breiten Insel seiner Väter spielte er neue bretonische Melodien ein. »Molène« wurde 1997 das erste Album einer Trilogie, zu der sich 1999 die achtzehnteilige Klavier-Suite »Porz Gwenn« gesellen sollte und deren Schlusspunkt 2001 »Rozbras« bildete: Klangbilder des gleichnamigen Hafenstädtchens im Süden der Bretagne.

Wenn Didier Squiban im Falle von »Molène« auf die Inspiration durch Wind und Wellen, Möwengeschrei und Meeresrauschen setzte, um die Seele seiner Heimat in Noten zu übertragen, so kommen seine Zuhörer ganz ohne äußere Einflüsse aus. Es ist genug, im Sessel zu sitzen, die Augen zu schließen und den Klängen seiner Stücke zu lauschen. Sie sind melancholisch und tröstlich zugleich. Wie von selbst entstehen die Bilder einer Landschaft, die, wiewohl stets in Bewegung, auf ewig unwandelbar erscheint. Nach Molène muss man dazu nicht reisen. Aber man möchte es sofort.

Delikatessen im Sand

Es ist angerichtet: Die Früchte des Meeres darf jeder ernten. »Fischen zu Fuß« heißt der bretonische Volkssport, der Schlemmen zum Nulltarif erlaubt

Joël Le Guirriec hockt im Schlick. Aus der Tasche zieht er einen Salzstreuer. Gerade hat er ein verdächtiges Loch im Boden ausgemacht – das mutmaßliche Versteck einer Schwertmuschel. Nun streut er eine ordentliche Prise in das Loch. »Schauen Sie!« Tatsächlich: Ein kleiner Rüssel, gefolgt vom oberen Teil einer Schwertmuschel, reckt sich aus dem Schlamm. Joël greift beherzt zu, zieht die etwa fünfzehn Zentimeter lange Muschel mit zwei Fingern aus dem Boden und legt sie nach einem prüfenden Blick – ja, sie ist groß genug – in einen Korb zur übrigen Ernte.

Joëls geübtes Auge findet die erfolgversprechenden kleinen Löcher im feuchten Sand. Einige stammen nämlich auch von Gewürm statt von *pieds de couteaux*, den schmackhaften Schwertmuscheln; nur wer sich auskennt, weiß, dass die Löcher des ungenießbaren Getiers anders als die der Muscheln einen kleinen Krater aufweisen. »Genau hinschauen muss man schon«, erklärt er. »Und vorsichtig gehen, denn wenn es zu starke Erschütterungen gibt, kommt die Muschel gar nicht erst hervor.« Warum sie überhaupt kommt, auf den sicheren

Weg in Richtung Kochtopf? »Das Salz lässt sie annehmen, das Meer kehre zurück.«

Sein ganzes Leben hat Joël Le Guirriec auf dem keinen Kilometer von der Küste entfernten Hof Ty Bihan im Sprengel Kervézennec bei Rosnoën verbracht. Hier beginnt die Halbinsel Crozon, die im Westen der Bretagne nicht ganz so weit in den Atlantik ragt wie die südlich von ihr gelegene Pointe du Raz und der Point de Corsen im Norden. Schon Joëls Eltern lebten als Milchbauern auf dem Hof. »Alle paar Wochen machten wir Urlaub«, sagt er, »das waren die Tage, an denen meine Eltern mit uns Kindern nach Springtiden zum Strandfischen ans Meer gingen.« Strandfischen ist die deutsche Entsprechung für das, was auf Französisch sehr konkret *pêche-à-pied* heißt – Fischen zu Fuß –, oder lyrischer: *manger la mer*, das Meer essen. Gemeint sind indessen seine Früchte.

Für Joël, seine Frau Martine und Tochter Morgane sind üppig gefüllte Platten voller Meeresgetier Alltag. Oft und gerne essen sie Austern, erzählen sie. Aber nie gehen sie auf den Markt, um welche zu kaufen. Stattdessen fahren sie ans Meer. Bei Ebbe verwandeln sich seine Ufer in eine Art Schlaraffenland mit Selbstbedienung. Das zurückweichende Wasser legt Felsen, Watt und Algen frei, die Lebensräume zahlreicher Schalentiere und Meeresfrüchte von der Auster über Hummer und Languste bis zu Schwert- und Venusmuscheln. Wer einige Regeln beachtet, kann die Delikatessen ganz rechtmäßig aus dem Sand und von den Felsen pflücken. Das Meer ist öffentlicher Raum in Frankreich, und jeder darf sich an seinen Ufern nicht nur nach Belieben ausstrecken und sonnen, sondern auch Fische, Austern und Muscheln für den eigenen Bedarf herausziehen. Einzig die Menge jeder genießbaren Meeresfrucht, die geerntet werden darf, und ihre Mindestgröße sind – wie die von Fischen für Angler – anhand der Richtlinien zur Landnutzung und Meeresfischerei festgelegt.

Joël spitzt es noch ein wenig zu. »Strandfischen ist uraltes bretonisches Recht, wir haben schon immer von den Früchten des Meeres gelebt.« Denn natürlich interpretieren Bretonen das Jedermannsrecht seit jeher auch als ein wichtiges Stück Unabhängigkeit. Zum einen in wirtschaftlicher Hinsicht, da sich durch Strandfischen eine Menge Geld sparen lässt; zum anderen mit Blick auf Paris. Denn der Gedanke an die Preise, die man in der Hauptstadt für ein bescheidenes Tellerchen mit sechs bretonischen Austern zahlt, ist nicht das geringste Vergnügen des Strandfischers. Trotzdem gibt es Veränderungen, auch in der Bretagne; vor allem in der Natur. Der Atlantik ist Einflüssen und Eingriffen des Menschen ausgesetzt, die das Gleichgewicht von Fauna und Flora stören. Und am Ufer wächst – nicht zuletzt durch die Urlauber – die Zahl derer, die ernten. Mangelnde Erfahrung befördert unter ihnen manche Unsitte. »Amateure nehmen zu kleine Muscheln oder sammeln mehr als sie essen können.« Joël seufzt. Man kann nicht viel mehr tun, als immer wieder auf die Regeln aufmerksam zu machen.

Die sind überall nachzulesen, in der Tageszeitung, im Internet oder im »Guide de bonnes pratiques«, dem Merkblatt, das die Mindestgrößen der Beutetiere neben einem aufgedruckten Zentimetermaß aufführt. Letzteres ist sinnvoll, da Millimeter über die Frage Schonung oder Abendessen entscheiden. Eine Miesmuschel darf nicht kleiner als vier Zentimeter sein, eine Jakobsmuschel muss mindestens zehn Zentimeter plus zwei Millimeter messen, eine Schwertmuschel zehn Zentimeter, die *palourde* dreieinhalb, bei den Austern soll die *huître creusée* sechs, eine *huître plate* fünf Zentimeter messen. Auch im Wasser misst das Auge mit. Graue Crevetten müssen ein Mindestmaß von drei Zentimetern aufweisen, rosafarbene eines von fünf.

Vor allem Einsteiger in den bretonischen Volkssport sind angehalten, das Maßband ans anvisierte Beutetier zu halten, um Klarheit zu gewinnen. Schrumpft eine Population erkennbar, wird sie auf die Liste jener Arten gesetzt, die zunächst für zwei Jahre überhaupt nicht geerntet werden dürfen. Und noch ein paar Kleinigkeiten sind zu beachten. So ist es zwar erlaubt, Felsen umzudrehen, um Muscheln für den Eigenbedarf zu pflücken. »Man darf aber auf keinen Fall vergessen, sie anschließend auch wieder in die ursprüngliche Position zu bringen. Sonst dauert es zwanzig Jahre, bis sich die Lebewesen am Felsen wieder richtig sortiert haben.«

Joël spricht mit der Sachkenntnis eines Austernzüchters oder Muschelbauern, und in seiner Strandkleidung, der Gummilatzhose über dem Wollpullover und den Stiefeln, sieht er auch genauso aus. Tatsächlich aber bewirtschafteten er und Martine den Hof seiner Eltern, bis sie Teile des 1674 erbauten Gehöfts in Gästezimmer umwandelten und sich am Tourismus versuchten. Die Nachbarn übernahmen die Kühe, Martine und Joël öffneten ihr Haus für bis zu zwanzig Gäste. Nebenbei weihen sie die Besucher in die Wissenschaft des Strandfischens und andere Disziplinen bretonischer Lebenskunst ein. Auch der Genuss von *cidre* gehört dazu, den die Le Guirriecs selbst herstellen.

Vor dem Ausflug zum Strandfischen erläuterte Joël die Hintergründe. Dabei wurde es schnell kompliziert. Reich fällt die Lese beim Niedrigwasser einer Springtide aus. Solche Springtiden entstehen aufgrund der Positionierung von Erde, Mond und Sonne auf einer Geraden – wenn entweder bei Vollmond die Erde zwischen Sonne und Mond oder bei Neumond eben jener zwischen Sonne und Erde steht. Dann fallen sowohl Hoch- als auch Niedrigwasser stärker aus als sonst. Joël sagte dies, als wäre es die simpelste Sache der Welt, und zunächst klang es auch so. Dann sprach er von Gezeitentabellen, dem Abstand von Erde und Mond einerseits und dem von Erde und Sonne andererseits und dem daraus gebildeten Hauptparameter für den Koeffizienten … ich merkte, wie ich wegdämmerte, und mir fiel wieder ein, warum ich es in der Schule schwierig gefunden hatte, in den naturwissenschaftlichen Fächern wenigstens ab und zu auf eine Vier zu kommen.

»Um halb eins erreicht das Meer heute seinen tiefsten Stand«, schloss Joël seine Ausführungen und mahnte seine Gäste zu zügigem Aufbruch. Dieser Logik vermochte ich zu folgen: Je größer die Fläche exponierten Meeresbodens, desto weiter die Jagdgründe für Strandfischer. Also stiegen wir in Gummilatzhosen und -stiefel, ergriffen Eimer, Körbe und Löffel, um Venusmuscheln auszugraben – Joël nahm außerdem einen schweren Zimmermannshammer mit, um die eine oder andere Auster von Felsen lösen zu können –, und fuhren ans Meer bei Rosnoën.

Am Morgen war es kühl und grau gewesen; nun hatte es die Septembersonne durch den Dunst geschafft und ließ die weite Bucht in warmem Licht erstrahlen. Zunächst untersuchten wir einen alten Spülsaum, an dem eine hohe Flut Wochen zuvor allerhand Pflanzen und Getier abgelegt hatte. Vier Wochen bleibt dieser *laisse de mer* liegen; dann kommt die nächste hohe Flut. Auf den alten Algen und Krebsresten tanzten ein paar Sandflöhe. Zum Verzehr war hier definitiv nichts geeignet. Damit war zu rechnen gewesen, Joël wollte mit der kurzen Untersuchung unseren

Blick schärfen für alles, über das wir bei anderen Gelegenheiten blind hinwegstiefelten. In der Ferne sahen wir ein paar Menschen langsam durchs Watt wandern; auch sie trugen Eimer oder Körbe. Strandfischer bei der Arbeit.

Nach Joëls einführender Demonstration im Schlick, die gleich eine Schwertmuschel zutage bringt, machen sich auch die Gäste ans Werk. So still ist es in der Bucht der Halbinsel, so warm scheint nun die Sonne, dass der Spaziergang eine geradezu meditative Qualität gewinnt. Oder sie zumindest gewänne, müsste man nicht ab und zu im Sand graben, um einen Beitrag zum späten Mittagessen bei den Le Guirriecs zu leisten.

Die kostbaren, zu den Krebstieren zählenden Entenmuscheln seien hier ebenso wenig zu finden wir die *ormeaux*, die Seeohren, hatte Joël schon auf dem Hof gewarnt. Sie hängen sich gerne an steile, vom Wasser umtoste Felsen, weshalb sich besonders wagemutige Feinschmecker an Klippen abseilen, um welche zu ergattern. Zwanzig Seeohren pro Tag und pro Person ist das Limit, jede muss mindestens neun Zentimeter lang sein, von Mitte Juni bis Ende August ist Schonzeit. Uns fehlen sowohl die Klippen als auch der Wagemut; diese Delikatesse muss bis zum nächsten Restaurantbesuch warten.

Die Risikobereitschaft mancher Strandfischer wird nicht nur durch die Aussicht auf bevorstehende kulinarische Freuden motiviert. »Kürzlich wurde jemand mit achtzig Kilogramm Entenmuscheln erwischt«, erzählt Joël. Erlaubt sind maximal drei Kilogramm pro Tag. Doch bei einem Kilopreis von bis zu hundert Euro ist der Handel mit diesen Meeresfrüchten eben auch ein lukratives, gleichwohl illegales Geschäft. »Hunderttausend Euro Strafe bekam der aufgebrummt und sein Boot war auch gleich weg, konfisziert, zack.« Er schüttelt den Kopf. Wir locken weiter Schwertmuscheln aus ihren Löchern und suchen *palourdes,* weiße Muscheln von der Größe von Zwei-Euro-Stücken, die roh einen intensiven, frischen Jodgeschmack besitzen und sich mit Butter und Knoblauch im Ofen gegart auf jeder Meeresfrüchteplatte gut machen. Eine winzig kleine Seezunge hat sich im Sand versteckt; einer der Gäste nimmt sie auf die Hand, um sie zu betrachten, doch sie ist schneller wieder weggesprungen, als man schauen kann.

Langsam entfernen wir uns von der Wasserlinie und nähern uns Felsen, an denen Joël seinen Zimmermannshammer schwingt und Austern pflückt. Unter dicken Algenteppichen findet man die frischesten, verrät er. Hier sind sie sicher vor ihren Hauptfeinden – der Königsdorade, die Austernschalen aufzubeißen vermag, dem Seestern, der ihre Schale aufbohrt und sie aussaugt, den *bigorneaux*, Strandschnecken, die sich auf sie setzen und die Schale aufbohren –, nicht aber vor dem Menschen. Auch Krebse huschen umher, doch die lassen wir gewähren. »Die sind perfekt als Aromaverstärker für Fischsuppe«, erklärt der

Experte. Doch die *cotriade*, die berühmte bretonische Fischsuppe, steht heute nicht auf dem Speiseplan. Joël öffnet eine Auster und reicht sie zum Kosten. Nicht mal einen Spritzer Zitrone braucht diese Meeresfrucht und auch kein Glas Muscadet oder Sancerre. So wie sie ist, schmeckt sie frisch wie der Ozean.

Die Austern am Strand bilden nur den Gruß aus dem Meer. Doch wer erntet, will auch essen, und zwar mehr vom Meer. Martine hat auf dem Hof deshalb bereits die lange Tafel gedeckt. Während die Gäste sich aus ihrer Gummikleidung schälen, die Beute sichten und sortieren, beginnt sie, in der Küche entschieden mit Töpfern zu klappern. Außer Schwertmuscheln und Austern haben wir viele kleine schwarze *bigorneaux* gefunden, die bei Tisch mit einem Pieker aus ihren Gehäusen gedreht werden und die Grundlage der traditionellen Meeresfrüchteplatte bilden. Die Schwertmuscheln werden zunächst in wenig Wasser gekocht, bis sie sich öffnen. Dann brät Martine sie in reichlich gesalzener Butter, Knoblauch und Petersilie. Die *bigorneaux* kocht sie kurz in Salzwasser. Schließlich die Austern, die Joël noch im Hof mit dem Austernmesser geöffnet hat: Einige hat Martine für die Unbelehrbaren mit geriebener Karotte, Wein und Käse vom Nachbarhof gratiniert; die anderen gibt es roh: köstlich frische *creusées* und die flachen *belons*. Dazu reichen die Gastgeber spritzigen Weißwein aus großen Karaffen. Nach diesem leichten Mittagessen schützt das Dessert vor Unterzuckerung: Martine serviert süßen, butterigen Kuchen, den köstlichen und kalorienschweren *gâteau breton*. Dazu einen *café*. Kein Zweifel: Es ist eine gute Sache, Bretone zu sein.

Crêpes, Galettes und Fachwerk

Rennes, einstmals Krönungsstadt der bretonischen Herzöge, ist die stolze Kapitale der Bretagne – und eine Hochburg der Buchweizen-Crêpes

Siebentausendsiebenhundertsiebenundsiebzig Schutzheilige beschäftigt die Bretagne. Bei einer solchen Zahl kann es sich nicht ausschließlich um Generalisten handeln, die über das große Ganze wachen. Für alle Eventualitäten des Lebens gibt es vielmehr Spezialkräfte. Zu ihnen zählt der Heilige Yves, der als Nationalheiliger alle Bretonen schützt, aber nebenbei auch für die Belange von Juristen zuständig ist – nicht nur in seiner Heimat, sondern auch in anderen Ländern. Die Spezialisierung rührt aus alter Verbundenheit: Der Heilige, im zivilen Leben Ivo Hélory von Kermartin, auf Bretonisch Erwan Helouri a Gervarzhin geheißen, war selbst Jurist. Allerdings spezialisierte sich der 1253 in Tréguier geborene bretonische Adelsspross früh auf Kirchenrecht und wurde nicht Advokat, sondern wirkte als Pfarrer; zunächst in der Gemeinde Trédrez, später in Louannec. Als vom Bischof von Tréguier bestellter kirchlicher Richter kehrte er 1284 zu seinen Wurzeln zurück und wurde in diesem Amt als unbestechlicher Anwalt der Armen verehrt. Vierundfünfzig Jahre nach seinem Tod 1293 sprach Papst Clemens VI. ihn heilig.

Die sterblichen Überreste des Heiligen Yves werden in der Basilika Saint-Tugdual in Tréguier bewahrt. In Rennes ist ihm die spätgotische Kapelle gewidmet, in der sich heute ein Teil des Fremdenverkehrsamts ausgebreitet hat. Die im 15. Jahrhundert erbaute Chapelle Saint-Yves diente ursprünglich einem Krankenhaus als Gotteshaus. 1998 wurde sie restauriert und gibt nun immerhin einer Dauerausstellung zur Geschichte der Hauptstadt der Bretagne einen würdigen und architektonisch ansprechenden Rahmen.

Hier hatte man uns die Vermittlung einer Person in Aussicht gestellt, die uns in der Kunst der *Galette*-Zubereitung unterweisen würde. Denn Rennes gilt auch als Weltkapitale des Buchweizenteigfladens (eine unzureichende Übersetzung für eine Spezialität, der anderswo in Frankreich nicht umsonst das Adjektiv »bretonisch« vorangestellt wird). Mehr als fünfzig Crêperien stellen die Versorgung der Bevölkerung sicher. Glücklicherweise besitzen die meisten Haushalte überdies eigene Gusseisenplatten zur Herstellung der überlebenswichtigen, leicht gesalzenen Buchweizen-*Crêpes*. Wir warten also in der Kapelle, die heute Tourismusbüro ist, und betrachten alte Ansichten der Stadt.

Die Umwidmung der Kapelle ist vermutlich weniger Zeichen des Niedergangs ganzheitlicher Krankenpflege als einer allgemeinen Säkularisierung der Verhältnisse, die trotz der hohen Zahl an Schutzheiligen eben auch in der Bretagne im

Gang ist. Das beteuert die Fremdenführerin, die uns nun zur *Galette*-Spezialistin begleiten will. Wir eilen davon, vorbei an Fachwerkhäusern, Geschäften und tatsächlich auffällig vielen Crêperien – deutlich mehr als Kirchtürme, auch mehr als gewöhnliche Restaurants. Die Stadt ist voller Menschen, die meisten scheinen damit beschäftigt, sich neu einzukleiden. Wer nicht shoppt, sitzt im Café, trinkt Kaffee, raucht und schaut den anderen beim Einkaufen zu.

Rennes, mit über zweihunderttausend Einwohnern auch die größte Stadt der Bretagne, ist heute eine lebhafte Universitätsstadt. Über sechzigtausend Studierende sind an den beiden Hochschulen eingeschrieben. Es ist vor allem ihr Verdienst, dass Rennes für sein ausschweifendes Nachtleben genauso bekannt ist wie für die prachtvolle Bausubstanz des historischen Zentrums. Das Epizentrum der außerakademischen Aktivitäten bildet die Rue Saint-Michel, folgerichtig auch als »Rue de la Soif« bekannt: die Straße des Durstes.

Zweihundertsechsundachtzig Fachwerkhäuser aus dem 15. bis 19. Jahrhundert sind erhalten. Zum Vergleich: In der einstigen bretonischen Hauptstadt Nantes hat ein knappes Dutzend Zeit und Kriege überdauert. Dafür war die Kathedrale von Nantes früher fertig, nämlich 1577. Zwar fehlten da noch einige Bauabschnitte, doch geweiht war sie. Die Fassade der Krönungskathedrale Saint-Pierre in Rennes wurde im 17. Jahrhundert vollendet. Denn mit dem Ende der bretonischen Herzöge fehlten auch zahlungskräftige Sponsoren für Sakralbauten – das war noch einmal besonders schmerzlich, als 1720 bei einem verheerenden Feuer, das den größten Teil des alten Rennes zerstörte, auch die Kathedrale niederbrannte. Nur ihre beiden Türme überdauerten diesen Brand, das heutige Kirchenschiff wurde ab dem späten 18. Jahrhundert neu erbaut.

Im Windschutz der Kirchtürme überstanden einige schiefe, heute vom Alter gekrümmte Häuser das Feuer: Die Maison Ti Koz, ein Privathaus aus rot-weißem Fachwerk, soll fünfhundert Jahre alt sein – zwar gibt es keine Dokumente, die das bezeugen, doch spricht der Baustil mit Elementen aus Gotik wie Renaissance dafür, dass es sich um ein Bauwerk aus der Übergangsphase zwischen beiden Epochen handelt. Gleich hinter der Kathedrale hat ein Ensemble in der Rue de la Psalette überdauert. Viele dieser Häuser waren Wohnsitze des Adels, wie Wappen an den Fassaden belegen, heute sind sie in Wohnungen aufgeteilt, deren bevorzugte Innenstadtlage, blumengeschmückte Innenhöfe und hölzerne Treppenhäuser aus dem 17. Jahrhundert die permanenten Parkplatznöte vergessen lassen. Und mit ihnen den Lärm einer Stadt, die zwar keine Großstadt, aber immerhin die Metropole der Bretagne und als solche unüberhörbar ist.

In einem Hof liegt eine rot getigerte Katze in einem Blumentopf und putzt sich gemächlich die

Pfoten. Das Tier hat heute so offensichtlich nichts mehr vor, dass man neidisch werden könnte. Wären da nicht die *galettes*. Die sollen wir ja nicht nur zubereiten lernen. Es besteht die Hoffnung, dass wir sie später auch essen dürfen. Diese Vorstellung gewinnt mit jeder Straße, die wir abschreiten, an Reiz.

Schließlich erreichen wir eine kleine, unauffällige Crêperie. Hier gibt die Fremdenführerin uns ab. »Wir schließen in fünf Minuten«, erklärt Cathy, die uns in die Herstellung der *galettes bretonnes* unterweisen sollte. Die dunkelhaarige junge Frau ist als Absolventin einer *Crêpe*-Schule Profi in Sachen Buchweizenmehl (*galettes*) und Weizenmehl (*crêpes*). Zwei dieser Schulen gibt es in der Bretagne, eine in Maure-de-Bretagne, die andere in Tréguier, der Heimat des Heiligen Yves. In sechsmonatigen Kursen können Köche sich zum *maître crêpier* ausbilden lassen und sind danach imstande, in der gehobenen Gastronomie *galettes* zuzubereiten. Cathy selbst hat die kürzere Grundausbildung absolviert. Um zu Hause gelegentlich eine *complète* zubereiten zu können – den Klassiker unter den *galettes* mit Schinken, Käse und Ei – würde für uns dieser Abend ausreichen. Denn das sei nun wirklich kein Hexenwerk.

Cathy kehrt die letzten Gäste aus der Crêperie und lässt die Besucher an der Theke Platz nehmen. Es fühlt sich an, als wäre man nach Ladenschluss im Kaufhaus geblieben: An der Wand die Karte, auf der uns die Aussicht auf *galettes* mit

Jakobsmuscheln, mit Apfelmus oder mit salziger Karamellcreme das Wasser im Mund zusammenlaufen lässt, darunter die beiden großen, runden Gusseisenplatten, die *crêpières*, auf denen die Köstlichkeiten entstehen. Erst seit den siebziger Jahren gibt es Crêperien, davor wurden sie ausschließlich zu Hause gemacht. In jedem Dorf gab es eine Familie, die ein *Crêpe*-Eisen besaß. Dorthin trugen die Nachbarn ihren Teig und nahmen die fertigen Fladen mit nach Hause. Später begann der Siegeszug der Crêperien, die jederzeitigen Genuss außer Haus erlauben. Mittlerweile sind einige von ihnen sogar schick und hip geworden, nicht nur wegen außergewöhnlichen Dekors, sondern vor allem wegen unorthodoxer oder besonders kalorienschwerer Varianten – etwa mit Schokolade, Nugat und Crème Chantilly oder mit Maronenmus und Maroneneis.

Zunächst klärt Cathy Grundlegendes: »Normannen kochen mit *crème fraîche*, Bretonen mit Butter.« Und Butter heißt – natürlich – gesalzene Butter. Nur in der Bretagne war Salz einstmals nicht mit Steuern belegt, weshalb man es sich leistete, auch die Butter zu salzen. Die hingegen war nie ein Luxusartikel, weshalb die berühmten Plätzchen aus Pont-Aven ebenso wie Karamellbonbons, der sündige Kuchen *kouign amann* und der *far breton* mit reichlich Butter zubereitet wurden – und werden. Denn eine Kuh gehörte in der Bretagne auf jeden Hof.

Ebenfalls wichtig: Während man gemeinhin

zwischen süßen *crêpes* und würzigen *galettes* unterscheide, so erklärt Cathy, bezeichnete man im Finistère im äußersten Westen der Bretagne Plätzchen als *galettes*. »Dort spricht man von süßen und herzhaften *crêpes*.« Damit nicht genug; außerdem werde im Finistère bei der Zubereitung der herzhaften Variante Buchweizen- mit normalem Weizenmehl gemischt. Guter bretonischer Brauch sei aber, für dreißig *galettes* ein Kilogramm Buchweizenmehl, dreißig Gramm grobes Salz aus der Guérande sowie sechzig Gramm Salzbutter und einen Liter Wasser zu einem geschmeidigen Teig zu rühren. Der kommt über Nacht in den Kühlschrank; dann wird ihm wieder ein wenig Wasser beigegeben, um den Teig wieder glatter zu machen – et *voilà*, los geht es.

Mit dem *rozell* – so lautet die bretonische Bezeichnung für den Rechen, dem später das gleichmäßige Verstreichen des Teiges auf der *crêpière* obliegt – wird zunächst ein wenig Salzbutter auf dem Eisen verteilt. Dann demonstriert Cathy die Technik: Die linke Hand nimmt eine Kelle mit Teig und gießt ihn auf eine Seite der Eisenplatte. Die rechte Hand ergreift den *rozell* und streicht den Teig zu einem glatten Rund. So weit, so klar, doch bevor die Eleven einen Versuch wagen, spendet Cathy vorsorglichen Trost: »Niemand hat jemals eine wirklich gute geformte erste *galette* zustande gebracht.« Wir bilden keine Ausnahme. Die besseren geraten eiförmig, alle anderen wirken zerfleddert. Kein Zweifel: Wir sind weit davon entfernt, dem *Crêpe*-Meister Konkurrenz zu machen, der samstags auf dem Markt von Rennes inmitten acht um ihn rotierender Eisenplatten im Akkord *galettes* bäckt. »Dafür braucht man sehr viel Erfahrung«, bestätigt Cathy und beseitigt diskret die abgerissenen Teigstücke, die unsere ungelenken Versuche auf den runden Eisenplatten hinterlassen haben.

Während sie nun demonstriert, wie es richtig geht, verrät sie uns nebenbei das Rezept für den *Crêpe*-Teig. Ein Kilogramm Weizenmehl, zehn Eier, hundert Gramm Zucker, eine Prise Salz und zwei Liter Milch ergeben den Teig für dreißig *crêpes*. Dann belegt sie die erste *galette* mit einem Spiegelei, geriebenem Käse und einer Scheibe Kochschinken. Sorgfältig schlägt sie die Ränder nach oben um, sodass ein ordentliches, knusprig gebräuntes Viereck entsteht, aus dessen Mitte das Eigelb leuchtet. Wir beschließen, die Zubereitung süßer *crêpes* später anzugehen, und konzentrieren uns ganz auf die Beseitigung unserer *complète*. Cathy gießt *cidre* in Blechtassen. Den Lärm des Freitagabends, der draußen vor der Tür tobt, hatten wir längst vergessen. Wir erheben das Glas auf den Schutzheiligen der Bretonen. Die anderen siebentausendsiebenhundertsechsundsiebzig heben wir uns für später auf.

Das Ende und der Anfang der Welt

Lichter der Hoffnung in tödlicher Einsamkeit: Das Finistère ist das Land der Leuchttürme

Gischtflöckchen wirbeln durch die Luft, es riecht nach Meer. An der Westküste der Insel Ouessant erhebt sich ihr Wahrzeichen: der 1864 erbaute, schwarz-weiß geringelte Phare du Créac'h. Die bretonische Entsprechung des Wortes »Gipfel« ist keine unpassende Bezeichnung für diesen vierundsiebzig Meter hohen Leuchtturm. Mit einer Reichweite von sechzig Kilometern ist er ein Gigant seines Faches. Der Créac'h, einstmals der leuchtstärkste Turm der Welt, ist noch immer der mit der größten Strahlkraft in Europa. Vier Lampen mit jeweils zweitausend Watt senden alle zehn Sekunden zwei weiße Blitze auf den Atlantik hinaus. Auf diese Orientierungshilfe würden Kapitäne bis heute nur ungern verzichten. Im Maschinenraum des Créac'h zeigt ein Plakat, warum: Unter dem Schriftzug »Schiffskatastrophen vor Ouessant von 1860 bis 1986« ist der mit Wracks gesprenkelte Meeresboden rund um die Insel abgebildet. Von hier und vom am östlichen Inselende gelegenen Leuchtturm Le Stiff wurde und wird die Einfahrt in den Ärmelkanal gesichert. Auch Le Stiff ist als einer der ältesten Leuchttürme der Welt für einen bretonischen

Superlativ gut. Schon 1699 wurde hier das erste Leuchtfeuer der Insel entzündet.

Ein Team von sechs Leuten überwachte von Ouessant aus alle Türme und Signalfeuer im *département* Finistère. »Früher arbeiteten noch richtige Wärter auf den Leuchttürmen, wir hingegen waren reine Techniker«, erklärt Chef Jean-Yves Cozan, einer der letzten bretonischen Leuchtturmwärter. Nach zweijähriger Ausbildung fing er 1976 mit gerade zwanzig Jahren hier an. »Ich wollte auf Ouessant bleiben, und hier gibt es nun mal wenige Jobs.« Er wohnte nicht im bereits automatisierten Turm, sondern in seinem Privathaus auf der Insel – seltener, annähernd paradiesischer Luxus für einen Leuchtturmwärter. *Enfers*, Höllen, werden Leuchttürme im Meer seit jeher genannt und als *purgatoires*, Fegefeuer, jene auf den Inseln bezeichnet. Leuchttürme auf dem Festland sind im Vergleich dazu Paradiese und heißen auch so.

Der Créac'h ist auch heute nicht unbemannt; rund um die Uhr ist ein Vertreter der Wärter über Bojen und Leuchttürme der nordwestlichen Bretagne im Sockel des Turmes im Dienst. Fällt etwa der gegenüber auf dem Festland gelegene Phare Saint-Mathieu aus – oder ein anderer an der Küste –, geht am Créac'h ein Alarmsignal an. Die Zentrale dort funkt ein Warnsignal an alle Schiffe, die in den umliegenden Gewässern unterwegs sind.

Die meisten der zweiundfünfzig bretonischen Leuchttürme – hundertachtundvierzig sind es im ganzen Land – säumen die Küste und Inseln

Finistères. Hinzu kommen rund vierzig Leuchtbojen und Signale von Hafeneinfahrten. Denn die Küste mit ihren ungezählten Inseln und Inselchen, Felsen und Riffen war für Seefahrer seit jeher ein einziger Albtraum. Noch längst sind nicht alle Wracks der Schiffe gehoben, die hier in schwerer See kenterten, seit die Römer kurz vor der Zeitenwende nach der Mittelmeer- auch die französische Atlantikküste unter ihre Kontrolle brachten. Gut vierhundert Jahre lang sollten sie bleiben. Die Kelten ertrugen ihre Anwesenheit, wie sie einen schweren Sturm hinnahmen. Doch die findigen Römer hatten auch brauchbare Ideen dabei. Sie kannten nicht nur die Vorzüge einer Fußbodenheizung, sondern errichteten an ihren Militärstützpunkten auch die ersten Leuchtfeuer. Als nach dem Niedergang ihres Reiches Piraten und Wikinger die Küsten bedrohten, verzichteten die Bretonen lieber auf diese verbesserte Erreichbarkeit durch beleuchtete Seewege. Erst mit dem Beginn der Ära der großen Seefahrer und mit der Erforschung der Neuen Welt im ausgehenden Mittelalter besann man sich auf die Sicherung küstennaher Gewässer durch Leuchtfeuer. Im 16. Jahrhundert wurden Kirch- und Befestigungstürme genutzt, um erste Lichter in die Finsternis der Nacht zu senden. Erst loderten die Feuer aus Holz, Kohle oder Torf, später wurde vor einem Reflektor eine Öllampe entzündet. Nach ersten Bauten im 18. wurde das 19. Jahrhundert die große Zeit der Leuchttürme. Napoleon I.

war es, der im Jahr 1806, genervt durch permanente Unfälle von Marine- und Handelsschiffen, einen Leuchtturm- und Seezeichendienst initiierte.

Auf dem Festland sprüht der Wind Regen, das helle Grau des Himmels löst sich im Dunkel des Meeres auf. An manchen Tagen leuchtet das Wasser hier smaragdgrün und dunkelblau. Doch auch dann krachen die Wellen auf die hohen Felsen der Pointe du Raz, der westlichen Landspitze Festland-Frankreichs: unerbittlich, unaufhörlich. Heute erst recht. Nur wenige Spaziergänger haben es mit dem Wetter des wenig lieblichen Septembernachmittags aufgenommen. Gebeugt stemmen sie sich dem Wind entgegen, über die Wege aus grob gehauenen Steinplatten, vorbei an der Skulptur einer Madonna mit Kind. Es ist Notre-Dame-des-Naufragés, an ihrem Fuß ist ein verzweifelter Betender in Stein geschlagen. Die Madonna soll Seeleuten Schutz bieten und an die Menschen erinnern, die das Meer nicht mehr freigab. Zwischen Stech- und Besenginster sieht man Überreste des Atlantikwalls aus dem Zweiten Weltkrieg.

Jenseits der Landspitze ragen zwei hohe, schlanke Silhouetten aus dem Dunst: der Leuchtturm La Vieille auf dem Inselchen Îlot de la Vieille und der Tévennec, die die durch extreme Gezeiten und starke Strömungen nautisch anspruchsvolle – man könnte auch sagen: äußerst gefährliche – Passage Raz de Sein sichern. Nur als Schatten ist die acht Kilometer vor der Küste gelegene Île de Sein mit ihrem grün-weißen Leuchtturm zu erahnen. Dass draußen im Meer auch noch der Ar Men über den Schiffsverkehr westlich der Insel Sein wacht, ist an Tagen wie diesem nicht zu erkennen. Wohl aber beruhigend zu wissen. Denn vor allem in der Finsternis der Nacht sind im Lauf der Zeit Hunderte von Booten und Schiffen in den Gewässern um die Insel Sein gekentert.

Der bis zu zweiundsiebzig Meter hohen Steilküste der Pointe du Raz, an der Atlantik und Kontinent mit so viel Wucht aufeinandertreffen wie an wenigen anderen Abschnitten der bretonischen Küste, ist an diesem Tag nicht anzusehen, dass sie mit einer Million Besuchern pro Jahr zu den meistbesuchten Zielen der Bretagne gehört. Und das bereits seit geraumer Zeit. Gustave Flaubert und Victor Hugo pilgerten auf das Cap Sizun, um sich an der rauen Schönheit der Landschaft zu ergötzen, und brachten damit den Tourismus früh in Schwung. Schon um die Wende zum 20. Jahrhundert entstanden auf der Halbinsel die ersten beiden Hotels. In den sechziger Jahren folgten ein Einkaufszentrum und ein zwei Hektar großer Parkplatz; der Totalausverkauf der Natur lag in greifbarer Nähe. In den neunziger Jahren war er annähernd vollzogen, die Vegetation zertrampelt, die ganze Klippe in desolatem Zustand. Dann gelang eine Wende. 1996 wurde die Pointe du Raz unter Naturschutz gestellt und zum Grand Site de France erklärt, zu einer der großen und bewahrenswerten Stätten der großen Nation.

Keinerlei Bauten – außer dem Besucherzentrum – sind hier mehr erlaubt, das kleine Hôtel Iroise, das sich recht malerisch am nördlichen Klippenrand erhob, wurde abgerissen. Nur zu Fuß oder mit dem elektrischen Pendelbus ist das Ende der Welt heute zu erreichen. Die Absperrungen am Rand der Pfade sollen nicht die Besucher davor bewahren, ins Meer zu rutschen, sondern vor allem die Vegetation vor den Schuhtritten der Zivilisation schützen.

An der Pointe du Raz ist die Welt zu Ende. Das glaubten zumindest die Römer und nannten die Küste »finis terrae«. Die Bretonen sprachen ihrerseits lieber vom »Penn Ar Bed«, dem Anfang der Welt, und bewiesen damit, dass fast alles eine Frage des Standpunkts ist – und die Standpunkte in diesem Fall irgendwie unvereinbar waren. Ganz falsch lagen die Römer trotzdem nicht, denn hinter den letzten von Gischt umtosten Granitfelsen und den gefährlichen Strömungen um die Insel Sein erstrecken sich Tausende Kilometer Ozean. Ob sich jenseits dieses oft unwirtlichen und immer gefährlichen Meeres Land befand oder nicht, spielte angesichts einer so gewaltigen Entfernung kaum eine Rolle. Der Schiffsbau hatte die richtigen Antworten auf die Herausforderungen dieses unberechenbaren Ozeans noch nicht gefunden, die Neugier der Seefahrer endete an den Grenzen der bekannten Gewässer.

Noch heute heißt der Südwesten der Bretagne Finistère, und immer noch sorgt schon das Wetter dafür, dass das Weltenende hier näher scheint als anderswo. Mit der Etablierung von Radar und GPS-Systemen sind Leuchttürme und Leuchtfeuer zwar nicht mehr der einzige Weg, um auf drohende Landmassen aufmerksam zu machen oder die Orientierung in schwierigen Küstengewässern zu ermöglichen. Dennoch ist der Turm an der Pointe du Raz nach wie vor vierundzwanzig Stunden am Tag in Betrieb, um den Schiffsverkehr zu überwachen. Nebenbei werden hier Daten zu Temperatur, Luftfeuchtigkeit und Luftdruck gesammelt und an die Wetterstationen im Finistère übermittelt. Die Kapitäne legen hier ebenso wie vor Ouessant aller Technologie zum Trotz Wert auf die visuelle Orientierungshilfe. Daher sind auch nach der Pensionierung des letzten bretonischen Leuchtturmwärters im Jahr 2012 alle Leuchttürme der Bretagne weiterhin in Betrieb.

Der Phare La Vieille ist seit 1887 beleuchtet, seit 1995 arbeitet sein Leuchtfeuer automatisch. Auch wenn man sein Ende heute bedauern möchte, war der Beruf des Leuchtturmwärters kein romantischer. Was an der Küste noch seinen Reiz haben mochte, war im Meer außerordentlich beklemmend: das unaufhörliche Tosen der Wellen, das Zerren des Windes, die Unendlichkeit des Ozeans. Alle der im tobenden Atlantik gefangenen Wärter des ab 1870 auf einem Felsen erbauten Tévennec sollen entweder verrückt geworden oder ins Wasser gegangen sein. Neben der Einsamkeit zermürbten sie die Schreie Gekenterter, die sie über Tage und Nächte, auf jeden Fall aber unnatürlich lange zu hören glaubten. Zwar wird heute vermutet, dass es sich dabei um das Heulen des Windes handelte. Die Geräuschkulisse war dennoch gut geeignet, den Leuchtturmbesatzungen das Leben zur Hölle zu machen. Der von den Geistern Schiffbrüchiger geplagte Tévennec war der erste Turm in der Bretagne, der automatisiert wurde. Mittels Technologie ließ sich diese Hölle zähmen – ein wenig.

Der Ärger begann schon mit dem Bau der im Meer positionierten Türme. Fünfzehn Jahre brauchte es, bis der Ar Men auf dem Riff Chaussée de Sein draußen vor der Pointe du Raz 1881 fertiggestellt war. So wild tobte das Meer, dass während eines Jahres wegen Wellen, Wind und insgesamt katastrophalen Wetters gerade mal acht Stunden am Leuchtturm gebaut werden konnte. Immerhin lief es in den anderen vierzehn Jahren besser, sonst wäre dieser *phare* wohl unvollendet geblieben. Trotzdem war die Bauphase von Rückschlägen geprägt, wenn eben fertiggestellte Abschnitte unter der Wucht der Atlantikbrecher gleich wieder einstürzten. Als er endlich seine dreiunddreißigeinhalb Meter Höhe erreicht hatte, lernten Leuchtturmwärter diesen Turm als die infernalischste aller Höllen fürchten. »Der Felsen« bedeutet der bretonische Name Ar Men. Wenn sich über diesem Felsen eine Schlechtwetterfront festsetzte, war es manchmal über Wochen unmöglich, ihn zu verlassen. Das unaufhörliche, ohrenbetäubende Wüten der Wellen, die bedrückende Enge und die Sorge um das Schwinden der Vorräte schufen ganz neue Dimensionen des Ausgeliefertseins. 1990 wurde der Turm automatisiert und der letzte Wärter abgezogen.

Auch der Grand Phare de l'Île Vierge, mit einer Höhe von zweiundachtzig Metern (und fünfzig Zentimetern) der höchste der Bretagne und der höchste gemauerte Leuchtturm in Europa, ruht als echte Hölle eineinhalb Kilometer vor der Küste im Meer. Immerhin schlug das Wetter wenige Kapriolen, nach sechs Jahren Bauzeit war er fertig. Zwischen 1896 und 1902 wurde der Turm gebaut, 1956 mit elektronischem Leuchtfeuer ausgestattet. Sein Wärter quittierte im November 2012 als Letzter in der Bretagne den Dienst. Im selben Jahr folgten die beiden letzten Wärter in Frankreich, die zusammen auf dem an der Mündung der Gironde in den Atlantik gelegenen Turm Cordouan tätig gewesen waren. Vierhundertundein Jahre nach seiner Einweihung im Jahr 1610 kam auch dieser älteste Leuchtturm Frankreichs ohne permanente menschliche Aufsicht aus.

Auch der Phare de Saint-Mathieu in Plougonvelin, einer der am schönsten gelegenen Türme der Bretagne, ist heute unbemannt. Der siebenunddreißig Meter hohe Leuchtturm an der Pointe Saint-Mathieu wurde 1835 inmitten der Ruinen einer uralten, im 6. Jahrhundert gegründeten Abtei erbaut. Hier wurde auf dem Glockenturm des Klosters Saint-Mathieu das erste Leuchtfeuer an der Küste des Finistères entzündet. Heute liegen Turm und Trümmer der Abtei an der vom Wind zerzausten Steilküste einträchtig beieinander und fügen sich zu einem überaus malerischen Bild. Möwen schreien, aus der Weite des Atlantiks erhebt sich die Reihe von Inselchen, an deren Ende Ouessant liegt. Mit Jacques Riou war hier nach der Automatisierung 1996 noch bis zum Beginn des dritten Jahrtausends ein echter Leuchtturmwärter beschäftigt. Allerdings musste er nicht mehr das Signal bedienen, sondern war für die Wartung von Technik und Gebäude zuständig. Vor seiner Tätigkeit am Phare de Saint-Mathieu war der aus einer Schiffsbauerdynastie in Brest stammende Riou in der Seenotrettung beschäftigt, später verbrachte er dreizehneinhalb Jahre als Wärter eines Turmes draußen auf dem Meer. Vor dem Hintergrund der Erfahrungen, die einstmals auf dem Tévennec gemacht wurden, griffen zu jener Zeit längst schon wirksame Strategien zur Vermeidung tödlicher Einsamkeit. »Ich war immer vierzehn Tage auf See und dann sieben Tage zu Hause an Land«, berichtet Riou, mit kurzer, kräftiger Statur und Gauloise im Mundwinkel das Urbild des Bretonen, der das Meer respektiert, ohne es zu fürchten. Zudem hielt man per Funk Kontakt zur Küste. So dosiert, war die Einsamkeit im Ozean auszuhalten – und mit ihr auch das Leben im Höllenturm.

Streitbar im Streifenhemd

Seit jeher machen die Bretonen gerne ihr eigenes Ding. Überraschend oft kommen sie damit durch

Die Luft knisterte vor Spannung. Sie entlud sich in spontanen Demonstrationen, Protestmärschen, Straßensperren. Im Herbst des Jahres 2013 sah es auf manchen bretonischen Straßen aus, als stünde das Land kurz vor dem Bürgerkrieg. Hatten sich die Bretonen erhoben gegen die Pariser Zentralregierung? Standen die Separatisten womöglich kurz vor ihrer Bewaffnung?

Kürzungen von EU-Subventionen, Zorn auch auf deutsche Mitbewerber, die osteuropäische Arbeiter auf Schlachthöfen mit Billiglöhnen weit unter dem französischen Mindest-*Salaire* abspeisen, die Einführung einer Öko-Steuer für Lastwagen auf Nationalstraßen – die Liste der bretonischen Verstimmungen war lang. Dass bald darauf die ersten Autoreifen und Mülltonnen brannten, erkannte immerhin das Ausland als Hinweis darauf, dass Bretonen und Franzosen womöglich doch nicht Welten trennen. Das waren Protestäußerungen, die man so auch schon in den Außenbezirken von Paris oder Marseille gesehen hatte. Allerdings erzielen die Bretonen mit ihren Unmutsäußerungen in der Regel schnellere Erfolge als schlecht gelaunte Franzosen anderswo im Land. Die vier Jahre zuvor beschlossene Maut für Lastwagen, deren Einführung bereits zwei Mal verschoben worden war, wurde ein weiteres Mal ausgesetzt. Die gebührenfreien Autobahnen der Bretagne – streng genommen sind es nur autobahnähnlich ausgebaute Nationalstraßen – sind nicht nur eine Wohltat für finanziell erschöpfte Reisende, sie sind auch ein Bestandteil der bretonischen Identität. Würden diese Nationalstraßen mautpflichtig, würde das den finanziell gebeutelten bretonischen Landwirten den Hals brechen. So sah man es hier.

Die Wut der Bretonen wird gefürchtet, seit Comic-Held Obelix römische Legionäre verdrosch, die durch undiplomatische Anspielungen auf seine Körpermaße seinen Unmut erregten. Zu lange schon machen sie – mehr oder weniger – ihr eigenes Ding, als dass sie sich gerne in ihre Angelegenheiten hineinreden ließen. Während des Zweiten Weltkriegs gab es keinen Zweifel, wo die Loyalitäten der meisten Bretonen lagen. Obwohl die deutschen Besatzer getreu dem Motto »Teile und herrsche« die Unabhängigkeitswünsche der Bretonen zu befeuern suchten und die Nationalistische Bretonische Partei unterstützten, freute sich die Résistance über regen Zulauf. Später aber verhärteten sich die Fronten. Die »Arme Dispac'hel Breizh«, die »Bretonische Revolutionäre Armee«, musste 1974 aufgelöst und verboten werden, weil ihre Unabhängigkeitsbefürworter ihren Ideen mit Waffen Nachdruck verliehen. Niemand vermisst sie. Doch noch in den neunziger Jahren gab es gelegentlich Anschläge von Separatisten gegen Einrichtungen oder leibhaftige Vertreter der Zentralregierung.

Diesseits extremistischer Auswüchse fallen die Bewohner der größten französischen Halbinsel vor allem durch Aufsässigkeit auf. Und das bereits so lange, dass ein gewisser Starrsinn in ihren Genen womöglich fest verankert ist. Das Idiom der Besatzer erschien den Kelten als wenig nutzbringend, weshalb sich die keltische Sprache der Unterworfenen trotz enormen Drucks von außen bis heute erhalten hat. Zweihunderttausend der gut drei Millionen Bretonen sprechen sie noch – oder vielmehr wieder, denn vom ausgehenden 19. Jahrhundert an waren Regionalsprachen verboten. 1951 wurde das Verbot aufgehoben; in den siebziger Jahren gab es erste Versuche, Bretonisch an den Schulen der Region wieder bekannt zu machen. Einen festen Platz im Lehrplan hat die Sprache dort bis heute nicht; dennoch lernen mehrere Tausend Schüler sie freiwillig als Wahlfach, und an einigen Schulen wird gar zweisprachig in Französisch und Bretonisch unterrichtet.

Eine kleine, aber entschlossene Gruppe von Menschen versucht, die uralte Sprache zu bewahren. Mit einigen Erfolgen. So gibt es seit Beginn des dritten Jahrtausends an den Universitäten in Rennes und Brest Lehrstühle für Bretonisch und andere keltische Sprachen. Vor dem Aussterben gerettet ist die Sprache damit (noch) nicht. Im Osten der Bretagne wird fast ausschließlich Französisch gesprochen; der wilde Westen ist das Land, in dem das Bretonische lebendig geblieben ist. Zwei Drittel der Bretonisch-Sprecher sind mindestens sechzig Jahre alt. Spracherwerb ist Heimarbeit, und nach wie vor sprechen zu wenige Eltern (und Großeltern) mit ihren Kindern die alte Sprache. Umso mehr freuen sich die Bewahrer des Bretonischen über jede Intensivierung bretonischen Bewusstseins. Seit 2014 ist die Region mit der Domain-Endung ».bzh« für Breizh, so das bretonische Wort für Bretagne, im Internet als eigenständig erkennbar. Die schwarz-weiße Flagge, eine Regionalhymne und eine eigene Fußballauswahl beweisen, dass Frankreich die Bretagne nicht in Unterdrückung, sondern in wärmender Umarmung hält. Auch wenn diese bei manchem Bretonen Schweißausbrüche auslöst.

Die Armut, sicherer Indikator für Abhängigkeit, ist Vergangenheit. Dennoch verwiesen die herbstlichen Proteste des Jahres 2013 auf reale Nöte. Noch immer leben die meisten Bretonen – etwa zwei Drittel – von den Erträgen des Landes. Das war noch nie leicht und macht heute empfindlich für die Vorgänge in der europäischen Nachbarschaft. Dabei ist die Bretagne nicht nur die Heimat von Butter, Käse und Meeresfrüchten, sondern auch identitätsstiftender Unternehmen: vom legendären Autohersteller Citroën, der seinen Sitz in Rennes hat, bis zum König der Produzenten gestreifter Bretonenhemden: Armor Lux. Dieser – ausgerechnet von einem deutschstämmigen Schweizer im Jahr 1938 in Quimper begründeten – Marke ist es gelungen, das blau- oder rot-weiß gestreifte Fischerhemd als Botschaft zu etablieren, mit der der Stadtmensch signalisiert, dass er ein Leben jenseits der eigenen Schreibtischplatte kennt und schätzt.

Der Schweizer Walter Hubacher beschränkte sich zunächst allerdings auf die Fertigung von Unterwäsche. 1940 erwarb er eine erste Strickmaschine, unmittelbar bevor der Krieg seine Pläne erst mal einfror. Nach Kriegsende ging es aber weiter, und bald begann der Siegeszug des maritimen Streifenpullis.

Ursprünglich sollten die Blockstreifen der Fischerhemden es erleichtern, über Bord gegangene Matrosen im Wasser zu orten. Das traditionelle Design des 19. Jahrhunderts hatte einundzwanzig Streifen – jeweils einen für jeden Sieg Napoleons. Coco Chanel interessierte sich als erste Vertreterin der Modewelt für das strapazierfähige Stück Arbeitskleidung und hob es auf die Bühne der *couture*. Heute sorgt das Label Armor Lux dafür, dass schon Babys in maritim gestreifte Strampler, Hemdchen und Mützen gehüllt werden können. Außerdem lässt die französische Eisenbahngesellschaft ihre Kontrolleure ebenso von dem Label aus Quimper einkleiden wie die Region Bretagne die Angestellten ihrer Gymnasien. Und, am wichtigsten: Seit 1993 wird das Unternehmen, das mittlerweile sechshundert Angestellte beschäftigt, von zwei Bretonen geführt.

Das Lied der Gezeiten

Esskastanien, Jakobsmuscheln und die Wunder des Meeres: Vom Zauber des Familienurlaubs in der Bretagne

Als wir nach dem Abendessen ins Zimmer zurückkehren, heult der Wind laut ums Haus. Geräuschvoll donnern draußen die Wellen ans Ufer. Wir treten auf den Balkon hinaus. Nahe ist das Meer an die Promenade gerückt; die sandige Bucht, in der wir nachmittags Muscheln sammelten, ist verschwunden. Eine ganze Kette von Leuchttürmen sendet weiße und grüne Lichtkegel in die Nacht. Auf der der Halbinsel Quiberon gegenüberliegenden Insel Belle-Île-en-Mer sind alle Lichter erloschen. Im Herbst geht die Bretagne früh schlafen. Vor allem, wenn Stürme toben wie heute. Nur das Kind findet alles zu spannend, um ins Bett zu gehen: das laute Toben des Windes, das durch unsichtbare Ritzen dringt; das Meer, das innerhalb weniger Stunden ganze Strände verschluckt; Luft, die nach Salz riecht und Palmen, die sich im Wind biegen; dazu die Leuchttürme, die Kapitäne auf See vor Schiffbruch bewahren.

Mit einem Zwischenstopp in der Normandie sind wir bis an die südliche Spitze der schmalen Landzunge Quiberon gefahren. Im Seebad

Deauville hielten wir zum Frühstück. In der Boulangerie de Paris kauften wir ein: köstliche Rosinenschnecken und kleine *croissants*. Dann gingen wir ins benachbarte Traditionshaus Dupont auf *café crème* und frisch gepressten Orangensaft. So köstlich duftete das Gebäck aus der Tüte, dass das Kind diskret in seinem Café-Stuhl zusammensank und in rascher Folge mehrere mitgebrachte Mini-*Croissants* verspeiste, derweil an den übrigen Tischen Menschen hinter großen Sonnenbrillen ins Licht des Sonntagmorgens blinzelten. Sie bei ihren Ritualen zwischen Bäcker, Café und dem nahen Markt zu beobachten, war uns perfekte Einstimmung auf die Gepflogenheiten der *Grande Nation*. Der sechsjährige Knabe erkannte, dass wir uns hier in einem Land befanden, in dem es sich aushalten ließ. Dafür sprachen außer den ausgezeichneten Backwaren die für einen Sonntag erstaunliche Lebhaftigkeit des Städtchens, ein sehr breiter Strand und die Tatsache, dass die Menschen trotz fortgeschrittener Jahreszeit im Freien saßen.

Die Bretagne ist kein offensichtliches Ziel für Herbst und Winter. Doch wer Frankreich in den Sommerferien lieber meidet, weiß, dass es nicht nur an der Côte d'Azur auch jenseits der Hochsaison noch mild ist und außerdem weniger voll als sonst. Das Kind hatte sich für diese Herbstferienwoche Meer gewünscht, die Oma Frankreich, die Mama Austern. Die Bretagne, in der kein Ort weiter als hundert Kilometer vom Meer entfernt liegt und die zweitausendachthundert Küstenkilometer zu einem großen Freiluftspielplatz machen, vermochte alles in idealer Weise zu vereinen.

Und so laufen wir am Südende Quiberons fast allein über Dünenpfade und durch Buchten. Dass wir laufen, ist erstaunlich genug, denn die zweckfreie Fortbewegung zu Fuß schätzt das Kind für gewöhnlich nicht sonderlich. Das Meer macht den Unterschied. Die extremen Gezeitenunterschiede sorgen nicht nur für ein ständiges Spektakel, sie hinterlassen bei Ebbe auch viel Interessantes im Sand: Algen, tote Krebse, weiße Sepia- und schwärzlich-graue Austernschalen, Trauben leerer Eihülsen, weiße, gelbe und rosafarbig schimmernde Muscheln. Während wir in den Dünen Schneckenhäuser zählen, Möwen am Spülsaum beobachten, über Felsen klettern und allerhand Zeug aufsammeln, sprechen wir über das Meer. Dass innerhalb von vierundzwanzig Stunden zwei Mal Ebbe ist und zwei Mal Flut, wusste der Knabe; dass der Atlantik es hier aber schafft, sich innerhalb von sechs Stunden kilometerweit zurückzuziehen, verwandelt die blasse Tatsache in ein eindrucksvolles Schauspiel.

Abends essen wir im Hafenstädtchen Quiberon *galettes*, die mit Schinken und Spinat, Feigenkompott und Ziegenkäse, mit Ente oder mit Meeresfrüchten – schlicht mit allem, was irgend vorstellbar ist, serviert werden. Das Kind entscheidet sich für die schlichte, aber überzeugende

Variante mit Schinken und Käse, die sofort in den Rang einer Lieblingsspeise erhoben wird. Zudem lernt es in der Crêperie seine erste Vokabel und bestellt von nun an entschieden *jus de pomme* zu seinen *galettes*.

Auf dem Weg an die Nordküste machen wir einen Abstecher in den Westen der Region, nach Quimper. Dort kaufen wir pastellfarbige, süße Makronen, bewundern die schlanke Kathedrale sowie schiefe, uralte Fachwerkhäuser und regnen nebenbei gründlich ein. Gnädig lobt das Kind dennoch die »sehr schönen Häuser«. Doch eigentlich sind wir hier, um Bekannte der Oma zu besuchen, die ein Stück außerhalb Quimpers wohnen. Nun könnte ein solcher Besuch bei großen Leuten leicht sterbenslangweilig werden, auch wenn diese Großen interessante Menschen sind: leidenschaftliche Bretonen nämlich, die mit ihren eigenen, bereits erwachsenen Kindern seit jeher nur Bretonisch sprechen – die trotz aller Bemühungen vom Aussterben bedrohte Sprache –, die ihre bretonische Heimat von Frankreich nachdrücklich unterscheiden, dabei aber so weltoffen sind, dass sie auch Englisch und Deutsch beherrschen.

Der Besuch wird für das Kind tatsächlich ein Höhepunkt unserer Reise, und das nicht nur, weil diese Familie offenbar in einer für Außenstehende unverständlichen Geheimsprache miteinander kommuniziert. Marie-Louise und André wohnen in einer versteckt gelegenen Senke fern jeder urbanen Bebauung. Am Ende eines Schotterwegs inmitten von Wiesen und Wald gelegen, macht ihr Gehöft fassbar, dass die meisten Bewohner der Bretagne noch immer auf dem Land leben – und nicht selten auch von dem, was sie ihm abgewinnen. Hinter dem Haus ist ein Ziegenbock von der Größe einer jungen Kuh angebunden; in einem Gehege gackern Hühner, das Haus bewachen gewaltige Esskastanienbäume. Gut zwei Stunden graben wir mit den Stiefelspitzen im Laub, um Maronen zutage zu fördern, sichten Früchte in halb geöffneten Schalen und werfen die schönsten und glänzendsten in einen Korb. Der Wind rauscht laut in den Bäumen, wir heften den Blick auf den Boden, freuen uns auf das Rösten der Esskastanien im Backofen und reden. Es ist gewissermaßen die Fortsetzung der Muschelsuche – im Wald.

Später sitzen wir in der Küche von Marie-Louise und André, wo wir bei einer Meeresfrüchtepfanne erfahren, dass die Bretagne und Frankreich Nachbarn sind. Mehr aber auch nicht. Auch die Kinder Tudual und Aziliz sind aus ihrer studentischen Heimat Brest dazugekommen. Wie ihre Eltern wechseln die mit schönen bretonischen Namen gesegneten jungen Menschen souverän zwischen Bretonisch und Französisch, Deutsch und Englisch, was das Kind einigermaßen beeindruckt zur Kenntnis nimmt. Vor den Fenstern liegt schwarze Nacht, und als wir schließlich aufbrechen, liegt der Hof in seiner Senke wie ein erleuchtetes kleines Schiff in der Finsternis des nächtlichen Ozeans.

In Saint-Malo haben die Gezeiten uns wieder. Und die Menschen: Die von Befestigungsmauern umschlossene Stadt an der Nordküste ist eine der meistbesuchten Frankreichs. Das ist auch in der Nebensaison noch gut erkennbar. Als wir das Hotel verlassen, legt die Ebbe gerade einen breiter werdenden Sandstrand frei. Nach jeder zurückfließenden Welle finden wir neue Schätze. So viele unterschiedlich geformte Muscheln werden hier angespült, dass wir uns immer wieder vornehmen, uns von nun an aber wirklich nur noch für handtellergroße Jakobsmuschelschalen zu bücken. Es gelingt nur ansatzweise. Das Kind klaubt Muscheln auf und findet schließlich die ersehnte große, in dunklem Rosa leuchtende Jakobsmuschel. Es schreibt seinen Namen in den Sand, beobachtet Wellenreiter in Neoprenanzügen und, als sich das Wasser weiter zurückgezogen hat, Kinder beim Strandsegeln: eine ebenso rasante wie überraschende Art der Fortbewegung auf dem Sand, der früh am Tag noch Meeresboden war.

Als wir vom abendlichen Besuch im Restaurant ins Hotelzimmer zurückkehren, staunen wir nicht schlecht: Das Meer hat den Strand wieder vollständig verschluckt, es schwappt bis zu unseren Füßen. Das Spektakel des Gezeitenwechsels bleibt eine der größten Attraktionen der Bretagne, unterscheidet es ihren Ozean doch geradezu dramatisch von den Gestaden des Mittelmeers.

Der historische Stadtkern Saint-Malos, der aussieht wie eine Piratenfestung, ist sogar an drei Seiten von Wasser umschlossen. Auf den Befestigungsmauern, deren älteste Teile fast tausend Jahre alt sind, laufen wir um die Altstadt, schauen auf die granitgrauen Reederhäuser im Inneren und immer wieder aufs Meer. Nach und nach steigen die beiden einstigen Vorposten der Stadt aus dem Wasser und verbinden sich durch den auftauchenden Strand mit dem Festland. Dass Saint-Malo außer dem Entdecker Kanadas auch berühmte Wissenschaftler und Literaten hervorbrachte und einer von ihnen, ein Mann namens François-René de Chateaubriand, der Nachwelt seinen Namen für ein dick geschnittenes Steak geliehen hat, interessiert unser Kind wenig; dass von hier aus Korsaren in See stachen, um Handelsschiffe auszurauben, schon mehr. Eine echte Piratenstadt in einer uralten Festung – das hält das Spannungsniveau hoch genug, dass wir es auf der Mauer rund um die ganze Stadt schaffen, bevor das Kind an den Strand zurückkehren möchte.

Im Kofferraum schwinden die Luftlöcher. Neben der Tüte mit Esskastanien und einer mit den allerschönsten Muscheln sind dort mehrere Schachteln mit *crêpes dentelles de Bretagne* versenkt, einem hauchdünnen Gebäck, das hauptsächlich aus Butter zu bestehen scheint und so heftig blättert, dass das Kind es nur im Freien zu sich nehmen darf; außerdem Gläser mit einem

Brotaufstrich aus Karamell und gesalzener Butter sowie eine Keksdose mit dem Bild des Mont Saint-Michel darauf.

Sie hütet das Kind wie einen Schatz, seit es uns auf dem Hinweg am Fuß des Glaubensbergs an der Grenze von Normandie und Bretagne so heftig einregnete, dass wir unseren Urlaub schon ganz ins Wasser fallen sahen. Der Deckel der Plätzchenschatulle, die bei jedem Öffnen süßen Butterduft verströmt, zeigt, was hätte sein können: zartblauer Himmel über dem heiligen Berg und davor heiter blökende, wollweiße Schafe in mildem Sonnenschein. Wir aber suchten unter dem Vordach eines Andenkengeschäfts Schutz vor sintflutartigem Regen. Am Rand der verstopften Gasse beobachteten wir ineinander verkeilte Schirme, während die Oma sich in eine teure Plastikfolie hüllte, die hellwache Händler nun überall als Regenmäntel zum Kauf anboten. Regen ist in dieser Gegend schließlich keine Seltenheit. Für das Kind wurde der Ausflug zum grauen Berg aber womöglich erst durch das schlechte Wetter zur eindrücklichen Erfahrung. Zurück im Auto hielt es die Keksdose zufrieden auf den Knien.

Das Schweigen der Menhire

Geheimnisvolles Land: Im dichten Wald und zwischen Dolmen blühen Mythen und Legenden

Oberschenkelhoch wuchert Farn aus umgestürzten Bäumen. Kaum ein Sonnenstrahl schafft es durch das dichte grüne Blätterdach von Buchen, Eichen und Kastanien. Vogelstimmen sind zu hören und ein Knacken im Unterholz. Es ist nicht schwer, sich vorzustellen, wie hier kapitale Wildschweine umherstreifen – bis sie einem beleibten, unnatürlich kräftigen Gallier mit Zöpfen und großem Appetit in Begleitung eines kleinen, schmächtigen Mannes und eines noch viel kleineren weißen Hundes begegnen.

So wie in diesem Wald sah es vor langer Zeit, als der Begriff schöne Landschaft noch gar nicht erfunden war, überall in der Bretagne aus. Südwestlich von Rennes hat es überdauert: Argoat, das Land der Wälder, das einstmals das ganze Binnenland umfasste und den Gegensatz bildete zu Armor, dem Land am Meer. Die Brocéliande, auch als Forêt de Paimpont bekannt, ist mit gut sechstausend Hektar Fläche noch immer der größte Wald der Bretagne – leider aber auch der Einzige neben dem Laubwald bei Huelgoat im Finistère. Und noch immer wachsen in beiden Wäldern außer den Bäumen auch die Lichtungen. Die dramatischsten Rodungen fanden im Mittelalter statt, als aus Bäumen Schiffe wurden. Viel später versuchte man den Schaden wiedergutzumachen, pflanzte dabei aber in der Brocéliande anstelle der typischen Laubbäume Kiefern an. Ein schwerer Waldbrand im Jahr 1990 trug weiter dazu bei, dass auch dieses letzte Stückchen urtümlicher bretonischer Landschaft sein Gesicht veränderte. Und doch: Der Charakter dieses magischen Waldes ist fühlbar geblieben – er hat überdauert wie die Mythen und Legenden, die seit jeher in der Bretagne erzählt werden, und von denen nicht wenige mit ihm verbunden sind.

Merlin, Zauberer, Druide, Vertrauter des König Artus und Schmied des Schwertes Excalibur, soll bei der Quelle von Barenton auf die schöne Viviane getroffen und von ihr am Fuße eines Baums betört worden sein. Der Verliebte zauberte eine kristallene Zitadelle für sie, die unter dem See am Château de Comper noch immer verborgen liegen soll, und verlieh ihr magische Kräfte, die sie selbst zu einer Fee machten. Hier zog Viviane den Knaben Lancelot auf, den künftigen Ritter der Tafelrunde, der daher auch Lancelot-du-Lac genannt wurde. Freiwillig war dieses Arrangement nicht zustande gekommen; Viviane hatte das Kind geraubt, als seine königlichen Eltern sich auf der Flucht ins Exil befanden. So wuchs es bei der Fee auf, in der Schmiede des Zauberschwerts Excalibur; Letzteres wartete später nicht weit von hier in einem Felsblock beim

Schloss Trécesson auf seinen rechtmäßigen Besitzer Artus.

Der Zauberer Merlin sollte bei der Quelle von Barenton außer seiner Liebe später auch sein Grab finden. Während der benachbarte Jungbrunnen heute trotz nicht nachgewiesener Wirksamkeit eine beliebte Pilgerstätte für Menschen im besten Alter ist, streben romantische Gemüter als Erstes an Merlins Grab. Die Überreste eines Dolmens, an dem zahlreiche Zettelchen mit Wünschen an den Zauberer befestigt sind, überspannen die Dimensionen von Zeit und Fantasie, oder vielmehr: von Zeit und Fantasy. Nicht nur das Wasser des Jungbrunnens, auch die Quelle von Barenton soll ganz eigene Kräfte besitzen: Die Blasen, die aus ihr sprudeln, lindern die unterschiedlichsten Beschwerden von Ringelflechte über Wahnsinn bis zur ungewollten Partnerlosigkeit. So will es die Legende.

Die Fee Morgane, eine Halbschwester von König Artus, hatte sich der Wirkung dieser Wasserblasen offenbar mit Erfolg ausgesetzt, denn an Begleitern mangelte es dieser schwierigen Frau nicht. Dennoch gab es in Herzensdingen immer wieder Probleme, weshalb sie im Val sans Retour, dem Tal ohne Wiederkehr, jene Herren festhielt, die sie durch Untreue enttäuscht hatten. Es brauchte Sir Lancelot, nun bereits als Ritter unterwegs, um die Gefangenen zu befreien. Tapfer schlug er sich mit dem Drachen, den Morgane zur Bewachung des Tales abgestellt hatte. Dabei hatte er es selbst alles andere als leicht in der Liebe, war er doch für die Gattin des Artus entbrannt – eine aussichtslose Leidenschaft.

Auch die Abenteuer anderer Ritter haben einen langen Nachhall. In Saint-Michel-en-Grève ist so bis heute in Vollmondnächten das Klirren der Schwertschläge des König Artus zu hören, der es hier wie Lancelot mit einem Drachen aufnehmen musste. So erzählt man es sich hier.

Nicht nur vom Zauberwald, auch von der bretonischen Küste erzählte man sich die tollsten Geschichten. Tristan und Isolde, die Helden eines weiteren populären Erzählstoffs des Mittelalters, hatten weniger Ärger mit Drachen als mit Politik und Liebeswirren; Tristan, der Isolde als Braut seines Onkels aus Irland in ihre neue Heimat geleiten soll, trinkt unterwegs aus dem falschen Kelch und reicht ihn an Isolde weiter. Auch sie nimmt einen allzu tiefen Schluck des Liebestranks, der eigentlich für sie und ihren Bräutigam bestimmt war, auf dass sich beide füreinander erwärmen mochten. Nun sind die beiden jungen Menschen in unverbrüchlicher, aber notwendigerweise geheimer Liebe aneinandergekettet, was nach einer Kettenreaktion aus Betrug, Entdeckung, Verrat und Krieg schließlich zu beider Tod führt – ein heiterer Stoff in der Tradition von unerfüllten Liebesgeschichten.

Der Plot, an dem sich verschiedene Dichter des Mittelalters versuchten, hat seinen Ursprung in heutige Grenzen überschreitender keltischer Erzähltradition. Wie bei Artus und seinen Rittern streiten Cornwall und die Bretagne um die Schauplätze der Wahrheitsfunken. An der Landspitze von Penmarc'h im Südwesten der Cornouaille, wo heute der Leuchtturm von Eckmühl sein Licht aufs Meer hinausschickt, soll das glücklose Paar ertrunken sein. So will es die Bretagne, die den sonst häufig als Prinz cornischer Herkunft geltenden Tristan zum Erben eines kleinen, im Westen der Bretagne gelegenen Königreichs macht, getreu dem Motto: cornisch oder bretonisch – Hauptsache keltisch. Der an klaren Tagen bis zum Glénan-Archipel reichende Blick vom Fuß des Leuchtturms ist jedenfalls so eindrucksvoll, dass die Frage der Wahrhaftigkeit der Überlieferung hinter der Schönheit des Panoramas schnell an Bedeutung verliert.

Wer heute durch die Bretagne reist, kommt leicht zu dem Schluss, dass Steilküsten und einsame Buchten, Heide und dichter Wald die Fantasie notwendigerweise beflügeln. Doch die Menschen, die hier im ersten Jahrtausend nach der Zeitenwende lebten, sahen ihre Welt unverklärt als die einzig denkbare. Morgendunst an der Küste? Das war nicht romantisch, sondern bedeutete, dass die Knochen schmerzten wie nach jeder feuchten Nacht. Und wenn der erste schwere Herbststurm das Dach der Hütte davonzutragen drohte, dachte man höchstens: Ärgerlich, dass die Hausversicherung noch nicht erfunden ist, von Zentralheizung und Ohrensessel ganz zu schweigen. Die Unsicherheit des Daseins machte die Seele empfänglich für Zauber und Magie, lange bevor das höfische Leben des Mittelalters Bessergestellten Sinn und Muße für schaurig-schöne Geschichten von Liebe und Tod eingab.

Die fanden trotzdem den Weg in den Alltag der Menschen. Nach dem Niedergang des Römischen Reiches, als ganz Europa in Bewegung geriet, flohen viele Bewohner Südenglands in die Bretagne. Denn Auseinandersetzungen mit einfallenden Sachsen und Pikten machten das Leben auf der Insel für die romanisierten Insulaner zu Beginn des 5. Jahrhunderts allzu unruhig. So aggressiv waren diese Zuwanderer, dass sie die keltische Bevölkerung in kurzer Zeit verdrängten – mit Ausnahme der Bewohner Schottlands, deren Land im Gegensatz zu den einladenden Hügeln hinterm Ärmelkanal schwer zu erreichen war. Viele Kelten besannen sich da der keltischen Brüder auf der anderen Seite des Kanals. Schon ein paar Jahrhunderte zuvor hatte man oft gemeinsame Sache gemacht; damals war es darum gegangen, römisches Militär von der Insel fernzuhalten. Im Jahr 56 vor Christus eroberte Julius Caesar die heutige Bretagne; sein Ausflug über den Ärmelkanal blieb hingegen ergebnislos. Erst nach der Zeitenwende gelang es den Römern, dauerhaft auf der Insel Fuß zu fassen. Und selbst dann mussten die römischen Besatzer ihre Lager und Siedlungen durch Wälle vor den angriffslustigen einheimischen Barbaren schützen. Vierhundert Jahre waren unterdessen ins Land gegangen, die Inselbewohner waren ruhiger geworden. Zumindest aber hatten die Römer die Insel-Kelten gelehrt, Besuchern vom Festland grundsätzlich zu misstrauen.

Im Gepäck der emigrierenden Insel-Kelten reisten Legenden und Sagen über den Ärmelkanal nach Aremorica, wie die Gallier ihr Land nannten (der Name Bretagne verdankt sich erst den einwandernden Britonen). Ihre Geschichten fielen hier auf fruchtbaren Boden. Lange Zeit später kam das Jahr 1066 und mit ihm Williams Beutezug von der normannischen Küste in Richtung England. Er brachte nicht nur das normannische Französisch auf die Insel, wovon das insulare Idiom bis heute zeugt – der Adel eignete sich flugs die Sprache der Invasoren an, der er sich bis ins 14. Jahrhundert bedienen sollte, während die dienenden Klassen rhetorisch unter sich und im Angelsächsischen verhaftet blieben –, seine Getreuen hatten auch ihre alten Artus-Geschichten dabei. So schwappten die Sagen auf die britischen Inseln zurück, wo man insbesondere in Cornwall bis heute der (durch den ersten Artus-Erzähler Geoffrey of Monmouth gestützten) Meinung ist, Artus sei ein auf der Burg Tintagel gezeugter Sohn der cornischen Nordküste. Und auch Wales, der entlegene Westen der britischen Inseln, will Heimat und Wirkungsstätte des legendären keltischen Königs sein.

In der Bretagne sieht man das alles ein wenig anders. Und da es für die Existenz des Artus und der Ritter seiner Tafelrunde zwar mögliche historische Vorbilder, nicht aber Belege gibt, ist für ihre geografische Verortung lokalpatriotischer

Interpretationsspielraum zulässig. Die Geschichte wanderte ohnehin weiter zwischen Inseln und Festland hin und her. So wurde Geoffreys sensationell erfolgreiche Artus-Erzählung aus dem 12. Jahrhundert bald ins Französische übersetzt und bei dieser Gelegenheit mit einigen Juwelen aus dem bretonischen Erzählschatz angereichert.

Einigkeit herrscht beiderseits des Ärmelkanals darüber, wie der Schauplatz der Geschehnisse ausgesehen haben muss: Heidelandschaft, Wald und Nähe zur Küste sind unverzichtbar. Auch wurde hüben wie drüben ein ähnlicher Lebensstil gepflegt. Uderzo und Goscinny verfuhren in ihren unsterblichen Geschichten um Asterix und Obelix nie lax mit der historischen Wahrheit; schon gar nicht, wenn sie den Druiden Miraculix beim Mistelschneiden und der Zubereitung von Zaubertränken zeigten. Zeitgleich waren auch auf britischem Boden keltische Druiden damit beschäftigt, aus Kräutern heilende Tinkturen herzustellen. Dass Asterix und Obelix tatsächlich Gallier aus Aremorica sind, zeigt der Blick durch die Lupe, die vor jeder Geschichte die Schauplätze heranzoomt: Die Silhouette der bretonischen Halbinsel ist klar erkennbar.

Legenden und die Lust am Geschichtenerzählen blühen seit jeher in jenen Regionen am üppigsten, in denen das keltische Erbe die römische Besatzung überdauerte. Ganz wie im berühmten gallischen Dorf leisteten die bretonischen Kelten stillen, aber hartnäckigen Widerstand gegen das

Militär der Weltmacht. Zwar machten sie den Römern weniger Ärger als ihre englischen Cousins, aber ziviler Ungehorsam und trotzige Zweisprachigkeit wurden von Generation zu Generation weitergegeben. Und mit ihnen die alten Bräuche und Sagen, die der Stärkung der eigenen Identität im Angesicht der römischen Übermacht sehr zuträglich waren.

Die Legende vom Königreich Ys, einer Art bretonischen Atlantis, das vor Douarnenez im Meer versank, rankt sich um eine aufsässige Teenagertochter: die Königstochter Dahut, die ihrem Vater Gradlon auf der Nase herumtanzte. Zur Impertinenz gesellte sich alterstypische Arglosigkeit, weshalb sie sich vom Teufel die Schlüssel zum Stadttor abschwatzen ließ. Der Leibhaftige öffnete das Tor und flutete Ys, das daraufhin im Meer versank. Glücklicherweise war Vater Gradlon vom Heiligen Guénolé gewarnt worden und konnte sich retten. Seine ungehorsame Tochter musste er auf Weisung des strengen Heiligen jedoch zurücklassen. Kein Wunder, dass Dahut keinen Frieden fand; als Meerjungfrau singt sie bis heute zu den Fischern von Douarnenez und läutet bisweilen die Glocken der versunkenen Kirche.

Heute werden diese Geschichten als bretonisches Kulturgut liebevoll gepflegt. Ihr Habitat im familiären Wohnzimmer haben sie gegen das Reservat öffentlicher Kulturfestivals eingetauscht. Viele verdanken ihr Überleben dem bretonischen Dichter Anatol ar Braz. Er wanderte im 19. Jahrhundert durchs Land, ließ sich in jedem Dorf von den örtlichen Geschichten und Gebräuchen erzählen und schrieb alles auf. In seinem Buch »La légende de la mort en Basse-Bretagne« konservierte er für sie eine Welt, in der das abendliche Erzählen am Herdfeuer exotisch geworden ist.

In den Geschichten, die man ar Braz erzählte, ging es immer wieder um den Tod. Angesichts all der unberechenbaren Gefahren, die von Mensch und Natur drohten, mochte man allzu leicht glauben, der Himmel könne einem jederzeit buchstäblich auf den Kopf fallen. Deshalb bleibt man noch heute lieber im Haus, wenn vor der Tür Wagenräder quietschen. Denn das ist nicht unbedingt der Paketzusteller, sondern vermutlich Ankoù, ein als Skelett mit Umhang und Sense in der Hand gut erkennbarer Todesbote und Friedhofswärter. Ihm möchte man nicht entgegenlaufen.

Andere Überlieferungen berichten von Elfen, die zwischen Megalithen umhertanzen, die sie womöglich selbst aufgestellt haben. Das aus einundvierzig Gesteinsblöcken bestehende, rund viertausend Jahre alte Dolmengrab von La Roche-aux-Fées ist mit einer Länge von knapp zwanzig Metern und einer Breite von sechs Metern das größte in Frankreich. Als wäre das nicht außergewöhnlich genug, sollen seine Steine außerdem von der vom Zauberer Merlin so verehrten Elfe Viviane und ihren Hilfselfen hergeschleppt und aufgerichtet worden sein. Und zwar in nur einer Nacht. Das ist selbst für Elfen schnell, liefert aber eine plausible Erklärung für die Erbauung dieser Grabstätte in einer Zeit lange vor Erfindung des Lastenschleppers. Ohne übernatürliche Kräfte dürfte es in der Jungsteinzeit sehr mühsam gewesen sein, die vierzig Tonnen schweren Steine über mehrere Kilometer bis zum Feenfelsen zu transportieren.

Heute taugen sie außer zum Rätselraten über die Kultur, die die gigantischen Grabanlagen hervorbrachte, auch als Test für verliebte Paare. Um die Dauerhaftigkeit ihrer Liebe zu prüfen, müssen beide Partner in entgegengesetzter Richtung um den Feenfelsen gehen und dabei die Megalithen zählen. Wenn sie auf dasselbe Ergebnis kommen, steht einer glücklichen gemeinsamen Zukunft nichts im Weg. Sind die Ergebnisse unterschiedlich, ist mindestens einer von ihnen schwach in Mathematik.

Zwischen dreitausend und fünftausend Jahre alt sind die Steinreihen von Le Menec, Kerlescan und Kermario, deren dreitausend Menhire in auffälliger Länge von jeweils mehr als drei Kilometern und ohne zweifelsfrei erkennbaren Sinn, aber für die Ewigkeit in die Landschaft gestellt sind. Auch das an der Südküste gelegene Carnac besitzt Dolmengräber. Mit dieser Vielzahl steinerner Überbleibsel eines versunkenen Zeitalters kann das Städtchen auf eine der höchsten Konzentrationen prähistorischer Steinansammlungen der Welt verweisen – und die Bretagne insgesamt auf die größte Zahl von Megalith-Anlagen in der Welt.

Das Schweigen der Menhire öffnet der Fantasie alle Tore: In einigen will man die Gefechtsreihen versteinerter römischer Soldaten erkannt haben. Die Legionäre dürften indessen kaum weniger ratlos vor den Steinen gestanden haben als die Menschen heute.

Dabei gibt es auch Steine mit praktischem Nutzen. Wer etwa in Plouër-sur-Rance sieben Mal in Folge verletzungsfrei über einen Menhir – einen einzelnen Steinblock, der in seiner Form an die Hinkelsteine des Obelix erinnert – rutscht, wird einen Mann zum Heiraten finden. So erzählt man es sich noch heute, oder vielmehr: So erzählt man es den Touristen. Wer sich bei der Übung fotografieren lässt und das Bild über soziale Netzwerke verbreitet, senkt seine Chancen auf eine baldige Hochzeit hingegen dramatisch.

Auch an der Küste gab es immer gute Gründe, Zeichen zu lesen und den Sinn fürs Übernatürliche zu schärfen. Nicht nur in der Weihnachtsnacht glaubt man, in der Baie des Trépassés, der vor den Glénan-Inseln gelegenen Bucht der Verstorbenen, die Stimmen ertrunkener Seeleute zu hören. Sie sammeln sich aus all den tückischen Gewässern der Gegend in dieser Bucht. In Sturmnächten stimmen sie unheimliche Gesänge an, um Seeleute in die Irre zu führen. Angesichts solcher Bedrohungen kann es nicht schaden, sich jeder Unterstützung zu versichern, derer man habhaft werden kann. Deshalb wohl werden in der Bretagne so außerordentlich viele Heilige verehrt.

Im Meerwassersprudelbad

Seit einem halben Jahrhundert aalen sich glamouröse und gesundheitsbewusste Besucher an der Südspitze der Halbinsel Quiberon im Salzwasser

In der Nacht lärmen Meer und Wind um die Wette. Stockfinster ist es an der Südspitze Quiberons, wo keine Autoscheinwerfer leuchten und die Bewohner der Handvoll Häuser längst schlafen gegangen sind. Nur ein paar Leuchttürme schicken ihre Lichter in die Dunkelheit. Die zerklüftete Küste der Bretagne ist auch für die Kapitäne des 21. Jahrhunderts kein Ort für Langeweile. Die Stimmungsschwankungen des Wetters sorgen außerdem für reichlich Abwechslung. Und an Land bieten sie unerschöpflichen Gesprächsstoff.

Am Morgen nach der stürmischen Nacht ist der Himmel blau und wolkenlos. Die Ebbe hat die Plage du Goviro voller Tang zurückgelassen. Drachen wirbeln durch die Luft. Bei solchen Ausblicken ist es schwer, nicht sofort nach draußen zu laufen, wo die Luft nach Salz riecht, weiße Häuschen sich zwischen Dünen ducken und eine Pinie daran erinnert, dass es in der südlichen Bretagne trotz tobender Stürme selten ernsthaft kalt wird. Doch viele Gäste ruft die Pflicht ins Thalassozentrum. Denn dort wartet das erste Meerwasserbad des Tages. Wer erst mittags ins

Wasser muss, spaziert über die nach dem Radrennsportler Louison Bobet benannte Promenade und inhaliert die jodhaltige Seeluft.

Louison Bobet war dreimaliger Tour-de-France-Sieger, als ein schwerer Autounfall seine Karriere 1961 beendete. Als er das Krankenhaus verlassen konnte, verkroch er sich für Wochen in ein kleines Zentrum für Thalassotherapie in Roscoff in der Bretagne. Warme Meerwasserbäder, entgiftende und entspannende Algenpackungen sowie Massagen und Gymnastik im Meerwasser, wie sie schon im Altertum empfohlen wurden, wirkten Wunder: Langsam fand Bobet ins Leben zurück. Dass es mit dem Radeln für immer vorbei war, war ihm klar. Auf der Suche nach einer neuen Aufgabe beschloss er, auf seine eigenen Erfahrungen zurückzugreifen: Zusammen mit seinem Bruder, der mit ihm im Unfallauto gesessen hatte, machte er sich daran, ein eigenes Zentrum für Thalassotherapie aufzubauen.

Auf der Suche nach einem geeigneten Standort erhielt er von der seit 1924 als Luftkurort anerkannten Stadt Quiberon ein Angebot, das er nicht ablehnen mochte. 1964 eröffnete er sein Institut an der Südspitze der Halbinsel Quiberon, die teilweise nur fünfundzwanzig Meter schmal ist, aber vierzehn Kilometer ins Meer hinausragt. An der »Côte Sauvage« genannten Westseite ist sie dem Wind und den Wogen des Atlantiks ausgesetzt, an der Ostseite ruhig und mit flach abfallenden Stränden. Zweitausend Sonnenstunden im Jahr machen diese Landzunge zu einem beliebten Urlaubsziel, die sehr berechenbaren Reisegewohnheiten der *Grande Nation* sorgen dafür, dass ihre Bevölkerungszahl im August auf hunderttausend anschwillt. Nur dreieinhalb Eisenbahnstunden liegen zwischen Paris und Auray, dem Bahnhof der Landzunge; das erlaubt den Hauptstadtbewohnern auch Wochenendaufenthalte in Quiberon. Das Thalassozentrum liegt drei Kilometer von den Belle-Époque-Villen, den Geschäften und Crêperien des Städtchens entfernt am dünn besiedelten Ende der Landzunge. Hier sind Luft und Meerwasser ähnlich rein wie auf der gegenüber gelegenen Insel Belle-Île-en-Mer. Längst steht die Spitze der Halbinsel unter Naturschutz. Heute könnte hier kein Tour-de-France-Sieger auch nur einen Fahrradschuppen bauen.

Mit sieben Behandlungsräumen und einem kleinen Pool fing Bobet, der schließlich eine Kette von Thalassozentren an der Atlantikküste eröffnete, zunächst klein an. Aber die Gäste aus Paris mussten auch irgendwo schlafen. Also eröffnete Bobet bald auch ein Hotel und erzählte seinen Freunden davon. Er kannte viele Prominente, die begeistert waren vom Kuren im weltabgeschiedenen Süden der Bretagne. Romy Schneider kam, Johnny Hallyday wurde Stammgast; Gérard Depardieu ist bis heute hier anzutreffen.

1974 öffnete das zweite Haus, das mit dem ersten verbunden ist: das Diététique, dessen Klientel vor allem aus vom Wohlleben gezeichneten Parisern besteht. Viele französische Politiker haben hier schon eingecheckt. Sie legen beim Abspecken Wert auf Diskretion und hinterlassen keine signierten Fotografien in der Lobby. Noch weniger in der Bar, denn die gibt es hier nicht. Dafür aber einen freundlichen Raum mit Blick auf Promenade und Meer sowie einer umfangreichen Auswahl an Säften und Teesorten.

Patrick Jarno, der bretonische Küchenchef dieses Flügels, macht den Gästen seit fast vierzig Jahren kalorienarme Kost schmackhaft. Statt Magerjoghurt und Getreide zu reichen und den Gästen so die Lebensfreude zu nehmen, hat er die Speisen der Landesküche behutsam um Butter und *crème fraîche* reduziert, ohne ihnen allen Geschmack zu rauben. Auf der Karte sind anstelle von Preisen Kalorienangaben verzeichnet. Wer trotzdem orientierungslos ist, dem bieten die wie zufällig im Restaurant anwesenden Diätassistentinnen Trost und Rat. Dennoch: Besser schmeckt es im Thalassoflügel am anderen Ende des langen Komplexes, der sich wie eine geschwungene weiße Woge über den Stränden erhebt. Hierher kommen neben Kurwilligen, die mindestens sechs Tage mit Anwendungen verbringen, auch Gäste, die nur ein Wochenende vertrödeln und zwischen Planschen im Meerwasserschwimmbecken und Spaziergang am Strand auf jeden Fall gut essen wollen. Schon beim Frühstück kann man hier mit frisch gebackenen *crêpes* und dem gefährlichen bretonischen Butterkuchen *kouign amann*, gesalzener Butter und schwerem Käse auf angenehme Weise eine Menge Fehler machen.

»Thalassa« ist das altgriechische Wort für Meer. Denn schon die alten Griechen glaubten an die heilende Kraft von Meerwasser, Algen, Schlick, Sand und Seeluft. Im frühen 19. Jahrhundert erlebte die lange vergessene Kurform an der französischen Atlantikküste eine Renaissance. Seither hat sich aus den frei verfügbaren Schätzen der bretonischen Küsten im Verein mit Hightech-Ausstattung und qualifizierter Betreuung durch Mediziner und Therapeuten eine Industrie entwickelt, die aufgrund ihrer Kostenintensität in luxuriösen Hotels ein Habitat gefunden hat. Weil der Übergang von medizinisch angeordneter Therapie zur gesundheitsförderlichen Urlaubsauszeit fast unmerklich verläuft, ist von nüchtern gefliestem Kurwesen hier wenig zu spüren. Kur- und Hotelgäste hüllen sich in flauschige Bademäntel, lauschen bei der Massage klassischer Musik und schmiegen sich am Abend in dicke Daunendecken, die suggerieren, dass der heulende Wind so kalt ist, wie er klingt.

Mit ihren zweitausendachthundert Küstenkilometern ist die Bretagne für die Meerwasserkur schon geografisch prädestiniert. Denn Thalassotherapie, die ihren Namen verdient, muss unmittelbar hinterm Spülsaum stattfinden, damit der Kurgast dem heilsamen Seeklima tatsächlich rund um die Uhr ausgesetzt ist. Zudem sorgen die starken Gezeitenunterschiede ebenso wie die heftigen Herbststürme der Region im Nordwesten Frankreichs für recht sauberes Wasser – und das ist nicht nur wichtig für die Qualität der Austern, die hier so wohlschmeckend sind. Frisches, nicht behandeltes Meerwasser ist auch die Grundlage jeder Thalassotherapie. Weil dieser Begriff nicht geschützt ist, haben sich die ernsthaften Betriebe in regionalen Verbänden, hier »Thalasso Bretagne«, organisiert. Denn wer sich auf den Malediven im Spa von einer Vichy-Dusche berieseln lässt, erlebt nur einen fernen Nachklang der echten Thalassotherapie, die drei Anwendungen mit Meerwasserprodukten pro Tag über eine Woche vorsieht.

Dass sie bei den unterschiedlichsten Gebrechen positiv wirkt – von Rheuma über orthopädische Leiden, Haut- und Atemwegserkrankungen bis hin zur Rehabilitation nach Unfällen –, ist heute unumstritten. Dass auch, wer nur entspannen möchte, sich im auf vierunddreißig Grad erwärmten Meerwasser gut aufgehoben fühlt, kann jeder hinlänglich gesunde Urlauber für sich nachprüfen. Mit dem persönlichen Zeitplan in der Tasche des Bademantels wandert der Gast in Quiberon durch lange Gänge von Termin zu Termin. Und irgendwann kommt jeder an der Kabine von Jean-Yves Le Tonquez vorbei.

Der Therapeut entspricht mit kräftiger Statur und verschmitzt blitzenden Augen schon optisch dem Bild des Ur-Bretonen. Dass er keine Fremdsprachen spricht, ist Ehrensache. Übel mag man es ihm nicht nehmen, und das nicht nur, weil achtzig Prozent der Gäste hier Franzosen sind. Bei der Meerwasserdrainage rückt er dem in einer Badewanne liegenden Gast mit einer Art Gartenschlauch zu Leibe, dessen Wasserstrahl den Kreislauf fördert und entschlackend wirkt. Fünfundzwanzig Minuten ruht der Kurgast im laut blubbernden Wasser, während Jean-Yves mit weit hochgekrempelten Ärmeln seine Manöver ausführt, dann geht es im weißen Bademantel zur nächsten Anwendung im Labyrinth des Thalassozentrums.

Hat der Gast sein Soll an Bädern und Packungen erfüllt oder hegt er keine ernsthaften Kurabsichten, bietet die Fassadenpflege eine weitere Möglichkeit der Urlaubsgestaltung. Es könnte eine kosmetische Behandlung sein, bei der im Labor die Haut analysiert wird, bevor der – hier in aller Regel weibliche – Gast sich zum maßgeschneiderten Facial auf dem beheizten Massagebett ausstreckt, oder auch eine Fitnesseinheit auf dem Anti-Schwerkraft-Laufband. Wer Knieprobleme hat oder im Luxushotel Diététique logiert, kann auf diesem Gerät unter Einsparung von bis zu vierzig Prozent des eigenen Körpergewichts gelenkeschonend laufen. Ermöglicht wird dies durch eine spezielle Gummihose, in die auf Knopfdruck Luft gepumpt wird. Das Verfahren hat zwar wenig mit Meer zu tun, vermittelt dafür aber einen Eindruck, wie es wäre, auf dem Mond zu joggen. Nur der Rückweg ist ernüchternd: Stück für Stück entweicht die Luft und mit ihr das Gefühl schwerelosen Dahingleitens. Das Körpergewicht kehrt zurück, bis man sich unter Normalbedingungen fühlt wie von einer Zentnerlast beschwert. Doch was den Joggenden hinunterzieht, ist nur die Realität des eigenen Gewichts.

In der Bucht vor dem Hotel beweisen einige Menschen fortgeschrittenen Alters unterdessen, dass der Atlantik nicht nur im Hochsommer direkten Kontakt unter freiem Himmel erlaubt. Unerschrocken springen sie in die Wogen, um bald darauf wieder hinauszuschießen. Das ist Thalassotherapie im besten Sinn. Louison Bobet wäre wohl zufrieden.

An Bord der alten Luxusliner

Eine Zeitreise: Im ehemaligen U-Boot-Hafen von Saint-Nazaire widmet sich ein Museum der Ära der großen Transatlantikschiffe

Die Gangway führt weit in die Vergangenheit: in die elegante Lobby eines Ozeanriesen. Matt schimmert der Marmorboden, Musik aus den dreißiger Jahren erklingt. In einer Ecke stapelt sich ein kleiner Berg Koffer aus dem Hause Louis Vuitton. Hinter der Rezeption steht ein freundlicher Herr in Livree und begrüßt die Reisenden.

Die haben eigentlich gar keine Passage gebucht. Doch die Besucher betreten das Erlebnismuseum Escal'Atlantic, als gingen sie selbst an Bord eines der großen Dampfschiffe, die von 1862 bis 1950 im Liniendienst von Saint-Nazaire den Atlantik in Richtung Mittelamerika überquerten: nach Martinique, Kuba oder Panama. So wird der Museumsbesuch tatsächlich zur Reise: in die Geschichte der Passagierseefahrt.

Das Erlebnis der Fahrt auf einem Ozeanriesen wird auf mehreren Ebenen und dreitausendfünfhundert Quadratmetern allen Sinnen vermittelt: mit Filmen, mit Musik und Geräuschen und mit Exponaten, die nicht hinter Glas liegen, sondern zur begehbaren Kulisse gehören.

Jenseits der Lobby treten die Besucher aufs

Deck hinaus und sehen, wie Festland und Lotsenboote langsam kleiner werden. Sie schlendern übers Promenadendeck, wo Liegestühle aus Teakholz mit Wolldecken stehen und Reisende anscheinend erst kürzlich eine Partie Shuffleboard unterbrochen haben – vielleicht, weil es Zeit ist fürs Abendessen im Restaurant der ersten Klasse.

Ein paar Schritte weiter wird es Nacht. Ein kalter Wind schlägt ins Gesicht, unter funkelndem Sternenhimmel zieht am Horizont ein anderes Schiff vorbei. Mit Blick auf den nächtlichen Atlantik drängt sich das Bild der Titanic geradezu auf, die umringt von Ozeanriesen in Seenot gerät und sinkt. Doch auf dieser Passage steht kein Eisberg im Weg. In der Bar – in der die Museumsbesucher absolut echte Cocktails bestellen können – klirren die Eiswürfel in den Gläsern, der erste Charleston wird aufgelegt.

Ganz nebenbei und überaus anschaulich wird die Geschichte dieser Reiseform aufgefächert, ihr Glanz, ihre Hoch-Zeit und ihr Ende. Achtzehn Tage dauerte eine Atlantikquerung 1838, 1952 waren es noch dreieinhalb – und dann stiegen die Vergnügungsreisenden, die nach den großen Auswanderungswellen aus Europa in der neu benannten »Touristenklasse« die Mehrzahl der Passagiere stellten, schon bald ins Linienflugzeug um.

Zu Beginn des 19. Jahrhunderts war Saint-Nazaire kaum mehr als ein Dorf. Sechshundert Menschen lebten hier, nicht wenige von ihnen waren Lotsen. Die Ansiedlung der Schifffahrtsgesellschaft Compagnie Générale Transatlantique gab den entscheidenden Impuls zum Ausbau des Atlantikhafens, an dem zugleich die erste Werft entstand. So wurde aus dem Dorf innerhalb weniger Jahrzehnte einer der größten Überseehäfen Europas, mit dem sich die Bretagne vor der regionalen Neuordnung schmücken durfte. Ab 1840 wurde der regelmäßige Liniendienst nach Amerika aufgenommen, der bald darauf auch die Antilleninseln und Mexiko umfasste.

Neben der Handelsschifffahrt kam vor dem Hintergrund der großen Migrationsbewegungen von Europa in die Neue Welt dem Personenverkehr immer größere Bedeutung zu. Weil die Reedereien immer mehr und immer größere Schiffe benötigten, um das steigende Passagieraufkommen zu bewältigen, wurde Saint-Nazaire in den sechziger Jahren des 19. Jahrhunderts auch zur Produktionsstätte von Traumschiffen. Mehr als hundert Ozeanriesen wurden hier gebaut, darunter die vollständig im Art déco ausgestattete »Île de France«, die »Normandie«, die in den späten dreißiger Jahren die beste Zeit über den Nordatlantik herausfuhr, und schließlich die legendäre »France«. 1960 lief sie mit einer Länge von dreihundertfünfzehn Metern als längstes Schiff der Welt vom Stapel der Werft Chantiers de l'Atlantique. Die Taufe übernahm Yvonne de Gaulle, Gattin des Staatspräsidenten.

Dass die stolze »France«, die über lange Jahre Le Havre mit New York verband, Jahrzehnte später nach Namensänderungen, neuen Karrierewegen als Kreuzfahrtdampfer in der Karibik sowie nach einem unseligen Intermezzo als Geisterschiff vor Malaysia schließlich im Jahr 2008 in Indien abgewrackt wurde, war eine Folge veränderter Reisegewohnheiten – unter deren Druck sich Saint-Nazaire in den siebziger Jahren dem Bau von Öltankern zuwandte. Die Ölkrise wurde zu einem weiteren Sargnagel der Transatlantikliner, die den teuren Treibstoff in allzu großen Mengen verheizten. So strich Frankreich der Compagnie Générale Transatlantique die Zuschüsse und beschloss, stattdessen in den allerletzten Schrei der Technologie zu investieren: in Bau und Unterhalt der Concorde. Es war der Beginn einer anderen Geschichte mit viel Glamour und tragischem Ende – und bedeutete zuallererst das Ende der »France«.

Von der Epoche des Massenexodus aus Europa – vierunddreißig Millionen Menschen verließen zwischen 1820 und 1920 die Alte Welt in Richtung Amerika – zeugen im Museum die unterschiedlichen Kabinentypen: die mit allen Bequemlichkeiten versehenen der Ersten Klasse, die nüchternen der zweiten und schließlich die Schlafsäle: Wie Fracht wurden jene Auswanderer zusammengepfercht, mit denen die Reedereien doch den Großteil ihres Umsatzes erzielten. Hier ist das Zwischendeck der 1886 in Dienst gestellten »Champagne« nachgebaut: Neunhundert von tausendzweihundert Passagieren stellten auf diesem Schiff im Schnitt die Auswanderer.

Von der Kommandobrücke bis in den Maschinenraum führt die Reise durch das Museum, die Besucher schauen in eine Art-déco-Kabine und eine der »Queen Mary 2«. Denn auch dieser größte Dampfer aller Zeiten, der mit seinen Nordatlantikpassagen von Southampton nach New York an die glanzvollen alten Zeiten anknüpft, wurde in Saint-Nazaire gebaut.

Von der Opulenz dieser Museumswelt ist von außen nichts zu ahnen, verbirgt sie sich doch in einem monumentalen Block Beton. Die deutsche Armee errichtete 1941 den dreihundert Meter langen Hafen mit vierzehn Boxen für insgesamt zwei U-Boot-Flotten. Fünfhunderttausend Kubikmeter Beton wurden dabei verbaut. Als gigantischer Klotz liegt er bis heute vor der Küste.

Dem Versuch der Alliierten, den U-Boot-Hafen zu zerstören, fielen neunzig Prozent der Stadt Saint-Nazaire zum Opfer. Der U-Boot-Bunker aber überstand die Angriffe. Nach dem Krieg wurde die Stadt sozusagen mit dem Rücken zur See, zum Hafen und den Werften wiederaufgebaut – fast so, als wollte sie die Vergangenheit endgültig hinter sich lassen.

Mit dem Bunker wusste man jahrzehntelang nichts anzufangen. Immer wieder wurde vorgeschlagen, das Monstrum zu sprengen. Doch keine Firma wagte sich auch nur an einen Kostenvoranschlag. Schließlich entstand die Idee, ihn zu einer Tür zur Geschichte der Stadt und der großen Passagierdampfer zu machen: mit dem Museum, das im Jahr 2000 eröffnet wurde.

Längst werden in der Hafenstadt nicht nur Schiffe, sondern auch Flugzeuge gebaut. Im hiesigen Airbus-Werk, dem zweitgrößten Frankreichs nach Toulouse, entstehen Teile des Riesenjumbos A380. Dennoch hat sich die Stadt an der Mündung der Loire nicht ausschließlich der Industrie verschrieben. Saint-Nazaire besitzt gleich zwanzig ansehnliche Strände. An einem davon, der Plage de Saint-Marc, erinnert eine Statue von Monsieur Hulot daran, dass der Regisseur und Schauspieler Jacques Tati hier 1951 seinen berühmten Film drehte. Monsieur Hulot schaut aufs Meer hinaus, wie man das hier seit jeher macht: nach Westen, in Richtung Amerika.

Die Erstürmung Saint-Malos

Wo einst kühne Korsaren in See stachen. Die vorgelagerte Zitadelle, der Hafen und die frischen Meeresfrüchte machen das Städtchen zur Essenz der Bretagne

Das Männchen wirft die Arme in die Luft und weicht zurück. Zu spät: Wie ein Tsunami baut sich die Welle über der Promenade auf, bereit, die zerbrechliche Gestalt zu verschlingen und davonzutragen. »Gefahr«, warnt der Schriftzug unter dem eindrücklichen Piktogramm in kapitalen Lettern: Sehr starke Wellen. Doch von denen ist nichts zu sehen. Die Promenade Saint-Malos ist in helles Licht gebadet, das Meer weit weg, sein Rauschen nur in der Ferne zu hören. Menschen sitzen auf Bänken, die schönen, mit Ornamenten und schmiedeeisernen Balkongittern geschmückten Fassaden im Rücken, und halten die Gesichter in die Sonne; Flaneure steigen die Treppen zum Strand hinab, streifen die Schuhe ab und laufen barfuß durch den festen, feuchten Sand.

Am Abend schlägt das Wasser des Meeres an die hohe Mauer der Promenade, die Strand und Stadt voneinander trennt. Deshalb also die Schilder, die vor gefährlichen Wellen warnen. Der Atlantik schwappt bis an den Gehweg. Mehr als zehn Meter beträgt der Unterschied zwischen

Hoch- und Niedrigwasser in Saint-Malo, eine Entfernung, die das Wasser mit eindrucksvoller Geschwindigkeit zurücklegt. Der maximale Tidenhub liegt sogar bei vierzehn Metern und ist damit doppelt so hoch wie an anderen Gestaden des Atlantiks. Von so übersichtlichen Fluten wie am Mittelmeer, wo der Tidenhub mancherorts gerade mal fünfundzwanzig Zentimeter beträgt, gar nicht zu reden. Dramatischer geht es nur in der Nachbarbucht zu, in der der uralte Klosterberg Mont Saint-Michel ruht. Dort strömt das Wasser bei einlaufender Flut mit einer Geschwindigkeit von zweiundsechzig Meter pro Minute in die Bucht – es ist der rasanteste und höchste Tidenhub Europas.

Obwohl so nahe, liegt der Glaubensberg, Frankreichs meistbesuchtes Monument nach dem Pariser Eiffelturm, in der Normandie; der Fluss Couesnon markiert die Grenze zwischen beiden Regionen. Einzig ihre Beliebtheit bei den Besuchern eint die beiden Touristenmagnete Mont Saint-Michel und Saint-Malo – und ihre Verbundenheit mit dem Meer.

Einen kurzen Moment lang herrscht völlige Stille. Es ist, als holte das Meer Atem; dann ertönt ein leises Rauschen, das lauter wird, bis die nächste Welle mit einem Donnern auf die Mauer trifft. Erst spät in der Nacht wird es ruhig. Das Wasser hat sich zurückgezogen, die Wellen in weiter Ferne sind kaum mehr zu hören.

Der Melodie der Gezeiten zu lauschen, zählt

zu den größten Vergnügen in der alten Seefestung Saint-Malo. Und wie das Meer die Geräuschkulisse dominiert, so hat es seit jeher auch das Leben in dem Städtchen an der Nordküste der Bretagne bestimmt. Traditionell war diese Küste die Heimat von Freibeutern; das auf einer Halbinsel im Westen gelegene Roscoff war wie Saint-Malo die Heimat von Piraten und Kapitänen, Schmugglern und Händlern – wobei die Grenzen zwischen diesen Berufsbildern nicht immer scharf umrissen waren – und ist eine Art Miniatur seines Pendants an der östlichen Küste.

Hier wie dort waren Korsaren und Seefahrer zu Hause, die mit Freibrief ihrer Regierung Handelsschiffe ausraubten oder neue Länder entdeckten. Der Wohlstand aus Handel und Beutezügen manifestierte sich in prachtvollen Granitbauten. Und weil man sich so großzügig am Besitz anderer bediente, schien es geboten, sich selbst gut abzusichern. Zwischen dem 12. und dem 19. Jahrhundert entstanden die gewaltigen Befestigungsmauern, zusätzlichen Schutz boten tückische Riffs und verstreute Inselchen vor der Küste. Das alles machte Saint-Malo zu einer uneinnehmbaren Festung, die erst im August 1944 aus der Luft zerstört wurde. Es war das letzte Mittel der Alliierten, nachdem auch die Deutschen die Festungsqualität Saint-Malos erkannt und sich hier vor den heranrückenden Truppen verschanzt hatten. Nur zwei der alten Reederhäuser und die *remparts*, die schweren

Befestigungswälle, überstanden das *bombardement* einigermaßen unbeschadet.

Originalgetreu wurde Saint-Malo nach dem Weltkrieg wieder aufgebaut, heute zählt die Korsarenstadt zu den meistbesuchten Orten in Frankreich. Das ist sogar in der Nebensaison erkennbar. Noch in Herbst und Winter vergnügen sich vor allem französische Urlauber wochenends gerne am (stundenweise) endlosen Strand der alten Stadt, nicht wenige von ihnen Exil-Bretonen aus Paris. Gelten Bretonen alter Schule, die einzig aus Höflichkeit mit Fremden und Franzosen das im übrigen Land übliche Idiom sprechen, bereits als eigensinnig, so wird den Bewohnern Saint-Malos nachgesagt, noch ein wenig sturer zu sein. Sie sehen sich in erster Linie als Malouins und erst dann als Bretonen. Und dann irgendwann als Franzosen. Vielleicht. Gefasst sehen sie zu, wie die Besucher die Stadt erstürmen, sich von Café zu Café treiben lassen und die Gassen der Altstadt und die Festungsmauern fluten – an hellen Sommerwochenenden erfordert es heute die Kühnheit, Schnelligkeit und Risikobereitschaft eines Korsaren, einen Restauranttisch im Freien zu erbeuten.

Dennoch hat Saint-Malo seinen Zauber nicht verloren. Sehr diskret sind die Geschäfte der Magnet- und Postkartenhändler in den grauen Granit gefügt. An die Architektur der Stadt ist trotz des Ausbaus des Hafens nicht gerührt worden. An drei Seiten ist der »Ville Close« oder »intra muros« genannte historische Stadtkern, der noch immer aussieht wie eine Piratenfestung, von Wasser umschlossen. Ein Damm verbindet ihn mit dem Festland. Auf den Befestigungsmauern, deren älteste Teile fast tausend Jahre alt sind, lässt sich die ganze Altstadt umrunden. In ihrem Innern erheben sich granitgraue Reederhäuser, nach außen öffnet sich der Blick aufs Meer, die Kanalinseln in der Ferne und auf die Küste – erhebende Aussichten, die den Spaziergang auf dem Wall mindestens so schön machen wie eine Wanderung auf den Küstenpfaden der ländlichen Bretagne. Nach und nach legt die Ebbe einen breiten Sandstrand frei, der an eine endlose, abgegraste Meeresfrüchteplatte erinnert. Unten sind Strandläufer unterwegs, die Muscheln sammeln oder auch Meeresfrüchte für den eigenen Kochtopf.

Jetzt steigen auch die einstigen Vorposten Saint-Malos aus dem Wasser und verbinden sich durch den auftauchenden Strand und einige Meter Beton mit dem Festland. Frankreichs großer Festungsbaumeister Vauban war hier am Werk. Ab 1689 baute er mithilfe seines Eleven Garengeau das Fort National du Petit Bé. Einundzwanzig Jahre später war es fertig: eine kleine Festung mit flachem Dach und zünftigen Verliesen, die aussieht wie ein aus der Zeit gefallener Bunker. Hundertfünfzig Jahre lang blieb er unbeachtet den Gezeiten ausgesetzt, bis er für den Tourismus entdeckt wurde. Sobald das Meer den steinernen Steg zu dem Inselchen freigibt, wird am Ort die Trikolore aufgezogen zum Zeichen, dass Strandwanderer nun hinüberpilgern können. Ansonsten muss man das Boot nehmen. So war es immer schon in der Korsarenstadt, die ihrer geringen Größe zum Trotz wagemutige Söhne mit großen Visionen hervorbrachte.

Außer Jacques Cartier, der 1534 als Entdecker Kanadas in die Geschichte einging, gehören Abenteurer wie der Arktiserforscher Pierre-Louis de Maupertius zu den Söhnen der Stadt; zudem diverse Wissenschaftler und Literaten. François-René de Chateaubriand war Politiker und Schriftsteller. Sein unmittelbar an der Stadtmauer gelegenes Geburtshaus ist heute Standort eines Hotels und Restaurants, seine letzte Ruhestätte fand der Literat auf dem zweiten Vorposten der Stadt, der Île du Grand Bé. Lange vor ihm war hier ein keltischer Druide beigesetzt worden.

Nach promonarchistischem militärischem Engagement während der Revolution hielt Chateaubriand es für angeraten, nach London zu emigrieren. Hier wurde er aus finanzieller Not erst zum Verfasser von Essays und Reiseerzählungen und dann fromm – wohl schon an der Wende zum 18. Jahrhundert eine geradezu zwangsläufige Entwicklung. Später stellten sich Erfolg und Wohlstand ein, zurück in Frankreich wurde er Politiker und Mitglied der Académie française; zeitweise vertrat er sein Land als Botschafter in Stockholm, Berlin und London. Grand Bé wählte Chateaubriand selbst als letzte Ruhestätte. Denn auch in Paris hatte er das Rauschen des Meeres vor Saint-Malo nicht vergessen können. Der Ruhm seines Namens auf den Speisekarten dieser Welt soll sich indessen seinem Koch verdanken, der das berühmte Stück Rinderfilet stets nach dem Geschmack seines Chefs zubereitete.

Es ist nur passend, seiner bei einem guten Essen zu gedenken, etwa bei einer Platte Austern, gefolgt von einem *à point* zubereiteten Steak. Etwa in seinem gleich neben dem mit den Fahnen der Stadt, der Bretagne, Frankreichs und der Europäischen Union dekorierten Château gelegenen Geburtshaus. Es geht aber auch anders. Etwa mit einer *galette complète*, dem dünnen Fladen aus Buchweizenmehl und dem Salz der Guérande, der mit Schinken, Käse und Ei serviert wird. Wer von Norden nach Saint-Malo kommt, isst sie hier erstmals ohne den Zusatz *bretonne* – dass sie bretonisches Kulturgut ist, muss hier schließlich nicht mehr erklärt werden. Zudem ist sie der Beweis dafür, dass Essen in Frankreich nicht notwendigerweise kompliziert oder teuer sein muss. Auch nicht in der Stadt, die die höchste Dichte an Fischrestaurants im Land besitzen will. In den Crêperien Saint-Malos kostet die *complète* drei Euro fünfzig. Dazu schmeckt *cidre*, stilecht in Blechtassen ausgeschenkt. Solchermaßen versorgt ist es leicht, sich zu fühlen wie ein echter »Malouin«. Draußen holt das Meer unterdessen Luft. Mit Wucht donnert die nächste Welle auf die Mauer der Promenade.

Zum Abschluss Süßes

Bretonen wissen: Mehr als Butter, Zucker und eine Prise Meersalz braucht es nicht, damit der Kuchen köstlich wird

In der Boulangerie Plomarc'h von Sylvie und Thierry Lucas duftet es verführerisch. Gerade erst hat Thierry ein Blech mit *kouign amann* in den großen Ofen in seiner Backstube geschoben. »Butterkuchen« bedeutet der bretonische Name wörtlich übersetzt, und aus dieser auf den Hauptbestandteil verweisenden Bezeichnung resultiert der köstliche Kuchenduft. Für Thierry Lucas, der mit sieben Jahren in der elterlichen Bäckerei in Douarnenez seinen ersten *kouign amann* anfertigte, ist die Herstellung des Kuchens eine Routineaufgabe, die er wohl auch mit geschlossenen Augen erledigen könnte. »Ich habe das Rezept seit meiner Kindheit nicht verändert, und ich mag meinen *kouign amann* immer noch.« Vierzig bis fünfzig Stück bäckt er in einer Stunde, drei bis vier Stunden verbringt er jeden Tag mit der Herstellung seines neben bretonischen Backwaren wie dem *gâteau breton* beliebtesten Produkts.

Fünfzehntausend Menschen leben in Douarnenez, einem am Beginn der Halbinsel Sizun gelegenen Fischerstädtchen. Alle Gassen führen hier zum Hafen hinab. Obwohl die Pointe du Raz, das westliche Ende des französischen Festlands und einer der Besuchermagnete der Bretagne, nur fünfunddreißig Kilometer entfernt liegt und der Ortsteil Tréboul am gegenüberliegenden Ufer der Flussmündung einen ansehnlichen Badestrand besitzt, ist Douarnenez vom Tourismus nur wenig berührt. Einzig ein paar kleine Geschäfte, in deren Fenster kunstvoll dekorierte Sardinendosen ausliegen, beweisen, dass ab und zu Urlauber des Weges kommen. Die Büchsen haben die Formen von Fischen, sind mit Muscheln oder Leuchttürmen geschmückt und tragen verspielt geschwungene Schriftzüge wie »Souvenir« oder »Nos vacances«; in den meisten befinden sich anstelle von Sardinen oder Thunfisch *galettes*. Das alles in so leuchtenden Farben, dass man diese Konserven so liebevoll hüten möchte wie einen Schatz.

Dass der berühmte Butterkuchen ausgerechnet in einem Zentrum der Fischerei kreiert wurde, in einer Stadt, in der die Menschen seit jeher auf See wie an Land schwer arbeiteten, erklärt womöglich, warum die Einwohner kaum vom regelmäßigen Butterkuchengenuss gezeichnet sind. Ansonsten erschiene es vor dem Hintergrund ihrer Obsession für Süßgebäck nicht ganz fair, dass die wenigsten Bretonen über die einer solchen Diät angemessenen ausladenden Körperformen verfügen. Schließlich ist der runde, frühstückstellergroße *kouign amann* mit der appetitlichen Karamellfarbe nur die Spitze des Butterbergs. Auch sonst lässt man keine Kalorienfalle aus – und kaum eine Extraportion Butter. Als verzichtbar gilt hingegen Olivenöl. Obwohl sich der Import von Erzeugnissen aus dem Mittelmeerraum in anderen Teilen Europas seit der Erfindung von Dampflok und Verbrennungsmotor als unkompliziert erwiesen hat, konnte sich das aromatische pflanzliche Öl in der bretonischen Küche nie etablieren. Wer Kühe besitzt, hat Butter, und wer Butter hat, der braucht kein Olivenöl. So lautet hier das Credo.

Für den kleinen Appetit zwischendurch empfehlen sich süß-salzige Bonbons aus Salzbutterkaramell oder schmackhafte, wenngleich sehr krümelintensive *gavottes*: aus hauchdünnem Teig gefertigte, zarte *crêpes*, die zu kleinen Rollen geformt und nicht selten zur Abrundung des Geschmackserlebnisses in Schokolade getaucht sind. Das Spiel mit Salzigem im Süßen ist der rote Faden, der sich durch die bretonische Dessert- und Naschkultur zieht. Fast ist es, als bildete das Meer die Kulisse zu allen Bereichen des Lebens – von der Salzbutterkaramellcreme am Morgen bis zum *kouign amann* am Nachmittag.

Brotteig, gesalzene Butter und Zucker, mehr braucht es nicht für das süße, schwere Wunderwerk, das in Douarnenez erfunden wurde. Ganz zufällig, an einem Tag des Jahres 1860. Es war viel los in der Bäckerei an der Place Gabriel Péri; Fischer und die Arbeiter der Konservenfabrik strömten ins Geschäft, um Kuchen zu kaufen. Besorgt alarmierte die Chefin ihren Mann, den Bäcker, weil der Kuchen auszugehen drohte. Der eilte in die Backstube, warf hastig zusammen, was er fand – frischen Brotteig, Butter und Zucker –, schob das Ganze in den Ofen, und fertig war der Kuchen, der trotz der Schlichtheit seiner Zutaten ein umwerfend butterig-süßes Aroma besitzt: *kouign amann*, damals wie heute ein Verkaufsschlager. Und das nicht nur am Ort seiner Entstehung.

»*Kouign amann* gibt es überall in der Bretagne zu kaufen, allerdings in sehr unterschiedlichen Qualitäten«, erklärt Alain Le Berre. Als Präsident der 1999 gegründeten Association des Artisans de Douarnenez ist der schnauzbärtige Bretone, dem zum vollkommenen Glück vermutlich nur ein »u« in seinem Nachnamen fehlt, eine Autorität in Sachen Authentizität und Qualität des Brotteigkuchens. »Wir wollten das Originalrezept und damit die Herkunft dieses typisch bretonischen Kuchens schützen.« Das bedeutet: Apfel, Birne oder Schokolade, die gut schmecken mögen, aber im Original nichts verloren haben, sind tabu. Brotteig, Butter (natürlich gesalzen) und Zucker: *c'est tout*, heute wie damals.

Le Berre, der wie sein Freund und Mitstreiter Thierry Lucas aus Douarnenez gebürtig ist, braucht nicht lange, um sich bei diesem Thema in Hitze zu reden. Schließlich geht es um bretonisches Kulturgut: *le véritable kouign amann de Douarnenez*, den einzig wahren Butterkuchen. »Industriell gefertigter *kouign amann* hat mit dem Original nichts zu tun«, erklärt er. »Die machen das am Fließband, zack, zack, zack!« Zur Demonstration hämmert er im Takt mit der Hand auf die Arbeitsplatte. Man ahnt, dass Le Berre in seinem früheren Job als Lehrer an einer *Pâtisserie*-Schule in Quimper keinerlei Nachlässigkeiten im Umgang mit Süßgebäck duldete.

Lucas, der still dabeigestanden hat, versucht sich an einer Erklärung, warum industrielle Fertigung einen solchen Affront nicht nur gegen den Kuchen, sondern gegen eine ganze Kultur bedeutet. »Ich backe *kouign amann* hier in allererster Linie für uns Einheimische. Wir Bretonen sind stolz auf unser kulinarisches Erbe, genauso wie auf unsere Sprache und unsere maritime Tradition.« Am Ort seiner Erfindung nimmt man es eben besonders genau mit dem identitätsstiftenden Kuchen.

Auch in anderen Belangen hält man die Errungenschaften vorangegangener Generationen in Ehren, ebenso wie viele ihrer Gebräuche. Noch immer verfügt der Hafen über eine veritable Flotte, die Makrelen, Thunfisch und Sardinen aus dem Meer holt, noch immer wird ein großer Teil des Fanges in den drei Konservenfabriken von Douarnenez in Blech verpackt. Und noch immer haben die Bewohner des Städtchens ein Faible für Kuchen. Vierzehn Bäckereien gibt es in Douarnenez. Fast alle gehören der Vereinigung zum Schutz des handgefertigten *kouign amann* an. »Klar, vierzehn Geschäfte, das bedeutet auch Konkurrenz«, sagt Lucas. »Wir sind trotzdem entspannt, unternehmen sogar manchmal zusammen

Ausflüge.« Die Verteidiger des traditionellen Butterkuchens eint mehr, als sie voneinander trennt.

Auch müssen sie aus ihrem Rezept kein Geheimnis machen. Den Brotteig mischt Thierry Lucas aus einem Kilogramm Mehl, siebenhundertfünfzig Milliliter Wasser, zwanzig Gramm Hefe und zwanzig Gramm Salz. So entsteht die Grundlage für den Kuchenteig. »Wenn ich einen Kuchen für fünf bis sechs Personen mache, nehme ich zweihundertachtzig Gramm Brotteig, hundertsiebzig Gramm gesalzene Butter und genauso viel Zucker.«

Der Teig wird ausgerollt, dann Butter und Zucker darauf gehäuft. Lucas faltet das Ganze zusammen; nun prügelt und schlägt er den Teig, als hätte er eben erfahren, dass sein vor der Tür geparkter Wagen abgeschleppt wurde. Schließlich rollt er ihn aus und streicht Milch darüber. Ein in die Oberfläche geritztes Rautenmuster gibt dem Kuchen sein typisches Gesicht. Für fünfunddreißig, vielleicht vierzig Minuten wird er bei hundertachtzig Grad im Ofen gebacken. »Das können Sie zu Hause ganz leicht nachmachen«, verspricht er. Einfach heißt dennoch nicht simpel: »Fünf Leute machen fünf verschiedene Kuchen.« Es sind die kleinen Feinheiten, die den Unterschied machen: das Wasser, die Knettechnik, auch das Mehl. »Ich verwende ausschließlich Mehl aus der Bretagne«, so Lucas. Beim Salz aber ist er flexibler: Das darf sogar aus dem fernen Südfrankreich kommen.